ISABELLE VON FALLOIS

Ángeles y unicornios

La Compañía Celeste

EDICIONES OBELISCO

Si este libro le ha interesado y desea que le mantengamos informado de nuestras publicaciones, escríbanos indicándonos qué temas son de su interés (Astrología, Autoayuda, Ciencias Ocultas, Artes Marciales, Naturismo, Espiritualidad, Tradición...) y gustosamente le complaceremos.

Puede consultar nuestro catálogo en www.edicionesobelisco.com

Colección Angelología
ÁNGELES Y UNICORNIOS
Isabelle von Fallois

1.ª edición: noviembre de 2014

Título original: *Engel und Einhorn*

Traducción: *Marta Torent López de Lamadrid*
Corrección: *M.ª Jesús Rodríguez*
Maquetación: *Juan Bejarano*
Diseño de cubierta: *Enrique Iborra*

© Ilustraciones págs. 15, 25, 29 y 33: Fotolia / Resto de imágenes: Shutterstock
© 2011, Isabelle von Fallois
Primera edición en alemán publicada por
Koha Verlag GmbH, Burgrain, Alemania
© 2014, Ediciones Obelisco, S. L.
(Reservados los derechos para la presente edición)

Edita: Ediciones Obelisco, S. L.
Pere IV, 78 (Edif. Pedro IV) 3.ª planta, 5.ª puerta
08005 Barcelona - España
Tel. 93 309 85 25 - Fax 93 309 85 23
E-mail: info@edicionesobelisco.com

ISBN: 978-84-16192-13-7
Depósito Legal: B-17.805-2014

Printed in India

Con mi más profundo agradecimiento,
dedico este libro a los mágicos y poderosos
unicornios que tan divinamente han
trasformado el dolor por la
muerte de mi padre.

Prólogo

Aunque desde fuera pueda parecer que llevo los últimos años dedicada casi en exclusiva a los ángeles, eso sólo se ajusta parcialmente a la verdad; porque desde el momento en que, en la primavera de 2004, volví a meterme de lleno en el mundo espiritual, junto a los arcángeles fueron apareciendo a mi lado cada vez más seres de luz: hadas, ángeles marinos, diosas, maestros consagrados, unicornios, delfines, ballenas, etcétera. A todos estos distintos y maravillosos seres les debo mucha sanación, conocimientos y milagros.

Sin embargo, este libro está dedicado a los ángeles y unicornios, que con gran armonía intentan ayudarnos a las personas a desprendernos del pasado, estar en paz con el AHORA, aceptar nuestra verdadera fuerza, llevar a cabo nuestras visiones y nuestra misión en la Tierra.

Por eso no es de extrañar en absoluto que a los dos años de empezar a convivir diariamente con los ángeles apareciera un unicornio a mi lado. Cada vez lo percibía con más frecuencia y al final pude averiguar su nombre en una de las meditaciones guiadas de Diana Cooper durante el «Segundo Congreso Internacional de Ángeles» de Hamburgo, en el año 2007, lo cual fue una auténtica bendición. Porque nada más pronunciar su nombre, mi frecuencia aumenta en el acto por la vibración inherente al nombre de mi amigo, mi unicornio atlante. Por no hablar, naturalmente, del instante en que viene corriendo a mi lado y percibo su energía divina: ¡una sensación de una belleza indescriptible!

Desde aquel dichoso momento en Hamburgo no concibo la vida sin este maravilloso ser. De hecho, se me han ido apareciendo cada vez más unicornios, sobre todo durante las meditaciones canalizadas de mis talleres y cursos de formación.

A lo largo de las semanas y los meses posteriores a la muerte de mi querido padre me apoyaron de una forma que aún me llega al alma, pues fueron ellos los que en esa época de luto me ayudaron con un corazón luminoso a pasar por el proceso del dolor.

Así pues, este libro será muy personal para demostrar que todos, también los llamados maestros espirituales, tenemos unos retos en la vida y debemos trabajar a diario. Con ayuda de estos seres mágicos, los ángeles y los unicornios, podemos hacer todo esto desde la frecuencia del amor.

Por eso para mí es esencial contribuir no sólo a consolidar aún más en la Tierra la energía de los ángeles, sino también la de los unicornios, y ponerlas al alcance de la gente.

Pide gratitud eterna, una luz radiante, amor puro y que ángeles y unicornios te colmen de bendiciones.

Isabelle von Fallois
Múnich, 14 de junio de 2012

Introducción

Cuál es la mejor manera de trabajar con este libro

Aunque este libro sea mucho más corto que todos los que he publicado hasta ahora, lo he escrito con la mayor de las sensibilidades a fin de hacer perceptible en pocos capítulos la energía del equipo divino de ángeles y unicornios. Claro está que podría haber llenado muchas más páginas, haber presentado a más unicornios y haber ahondado más aún en el tema, pero este libro quería salir al mundo lo antes posible; por eso les pedí a los ángeles y unicornios que me trasmitieran los mensajes más importantes para esta época.

Para dejar que sientas aún con más claridad su energía y realizar cambios en el plano espiritual, fue deseo expreso de ángeles y unicornios proporcionarme otra vez los más diversos viajes astrales, que encontrarás en el siguiente CD: «Ángeles y Unicornios; Viajes astrales mágicos».

Como siempre, este libro no ha caído en tus manos por casualidad: tu alma ha enviado una llamada para volver por fin a contactar más profundamente con la energía de ángeles y unicornios.

Aunque los ángeles y los unicornios suelen actuar codo con codo, se distinguen muy claramente:

Uno de los principales cometidos del ángel es ocuparse en gran medida de que las personas volvamos a abrir nuestros corazones, para vivir la vida desde la frecuencia del amor.

Los unicornios se encargan sobre todo de volver a ponernos en contacto con nuestras almas, para que identifiquemos la misión espiritual que elegimos antes de encarnarnos en este planeta, y la llevemos a cabo en esta vida. Aparte de eso, uno de sus cometidos predilectos es dar apoyo a nuestras visiones para que puedan ser llevadas a la práctica.

Por cierto que los unicornios (a excepción de los unicornios-pegaso), que proceden de la séptima dimensión, sólo pueden acercarse a las personas cuando la frecuencia de nuestra vibración es lo bastante alta, mientras que los ángeles vienen siempre tan pronto como los llamamos o se produce una emergencia que aún no ha de costarnos la vida. Por eso es tan importante tener constantemente la energía más alta posible, para podernos comunicar con los unicornios (*véase* el capítulo 5). Pero no sólo eso, también los tiempos en que vivimos nos exigen llevar una vida lo más pura posible para que no nos arrollen las turbulencias. Puedo decir, por experiencia, que mi vida, pese a sus desafíos, se ha simplificado muchísimo desde que a diario recurro al «*dream team* de ángeles y unicornios» y éstos me acompañan permanentemente.

Al igual que en mis otros libros, en cada capítulo encontrarás canalizaciones de los ángeles y unicornios para poder percibir con claridad su energía.

En la mayoría de los casos he añadido una historia de mi vida personal (salvo en el capítulo 7), para que entiendas el maravilloso equipo que forman ángeles y unicornios.

Además, hay rituales, sugerencias, viajes astrales y afirmaciones espirituales, para ayudarte a profundizar en tu contacto con estos seres y, con su apoyo, trasformar tu vida de un modo positivo.

Naturalmente, puedes usar este librito a modo de oráculo, abriéndolo por cualquier página y viendo qué te dicen las líneas en cuestión. Como la ley de la resonancia rige siempre y las casualidades no existen, el mensaje que te encuentres tendrá un significado para ti. ¡Descífralo con ayuda de los ángeles y unicornios!

Deseo de corazón que este libro te ayude a establecer y fortalecer una relación absolutamente personal con estos seres mágicos –¡y a identificar y vivir tu misión espiritual!

¡Que la bendición eterna y el amor puro de los ángeles y unicornios sean siempre perceptibles para ti, a fin de vivir la UNIDAD en todos los planos!

«Somos uno.
Somos amor.
¡Somos UN SOLO AMOR!».

El aire, la tierra, el mar,
todo está lleno de ángeles.

AMBROSIO DE MILÁN

Capítulo 1

El arcángel Miguel y los unicornios-pegaso

«¡*B*ienvenidos, querido amigo, querida amiga! Somos el arcángel Miguel y los unicornios-pegaso. Hace mucho, muchísimo tiempo, es decir, en la época dorada de la Atlántida, estuvimos muy cerca de la Tierra. Pero los hombres querían conseguir cada vez más poder para manipular a los demás; por eso nos retiramos a niveles más altos, para actuar desde allí.

La frecuencia de la Tierra no cambió hasta hace unas décadas, lo que nos permitió volver a acercarnos a los hombres. Cada vez son más los que se inclinan hacia la luz, contribuyendo así a cambiar el mundo a mejor, y mayor es nuestra alegría. Tú eres uno de ellos, porque estás leyendo estas palabras, ¡y nos alegramos de trasmitirte nuestro mensaje!

Ha llegado el momento de liberarte de todos los patrones restrictivos de creencias que te impiden acceder a tu verdadera fuerza y experimentar tu potencial. Advierte cuántas de estas limitaciones contribuyen a que estés siempre dudando de ti mismo, aunque en el fondo sepas quién eres en realidad; es decir, un ser puro y completo de luz y amor que alberga un poder divino tremendo capaz de trasformar el mundo.

Con nuestra ayuda, despréndete por fin de todo aquello que limita tu libertad y acepta, de una vez por todas, ésta tu verdadera fuerza. Ya es hora de que dejes brillar tu luz en todo su resplandor, pues en estos tiempos turbulentos harás de faro que indique a otros el camino.

Que sepas que los unicornios-pegaso somos los que podemos ayudarte, junto con el arcángel Miguel, a desprenderte de todo aquello que no sea provechoso para tu libertad interior y exterior. Pero no confundas la libertad con huir de aquello que tienes que hacer en esta vida; reconoce, por el contrario, que la verdadera libertad significa haberse liberado de creencias restrictivas, dogmas, miedos, apegos, opiniones propias y ajenas y haberte liberado de tu pasado, a fin de que en todo momento puedas tomar en consideración desde un corazón abierto y puro las posibilidades que se te presentan.

Esta libertad puedes lograrla con donaire, desenvoltura y alegría, si nos permites trabajar contigo durante un período de tiempo considerable (por lo menos veintiocho días). Nos gusta sobre todo visitarte y trabajar contigo por las noches, porque durante esas horas careces del ego que a veces se aferra a lo antiguo con gran vehemencia.

De ti depende, querido amigo, querida amiga, invitarnos o no a entrar en tu vida, para que consigas la libertad que te corresponde por derecho divino de nacimiento. Así pues, que sepas que sería para nosotros un honor poderte servir.

Y ahora te damos la bienvenida desde un amor profundo y te envolvemos en nuestra luz y el manto de protección azul marino».

Libertad interior; un bien preciado

Aunque desde hace tiempo sé que una de mis tareas pendientes en esta vida es aprender a decir no, y aunque llevo años dedicándome muy intensivamente al tema, en algunos campos se me sigue resistiendo. Sobre todo en lo relativo a mi adorado trabajo me cuesta mucho anular algo, aun cuando mi cuerpo ya me esté mandando señales de advertencia, como sucedió una y otra vez durante los largos meses que duró la enfermedad de mi padre y también las semanas posteriores a su muerte. Me importan tanto los participantes de mis cursos de formación y talleres que, simplemente, no consigo cancelar nada.

Sin embargo, cada vez notaba el cuerpo más cansado y durante semanas logré levantarme por las mañanas gracias únicamente a mi voluntad de hierro. A pesar de todo, no conseguí tomarme un solo día libre ni ocuparme de la infinidad de e-mails y noticias que recibo diariamente.

Un día, Hubert, mi marido, me dijo: «Ya es hora de que apagues el iPhone y te tomes un par de días para dormir y descansar».

No tenía ni idea de cómo planificarlo, porque en la agenda tenía un curso, taller o retiro detrás de otro, y en los escasos días que median entre una cosa y otra siempre hay mucho que organizar para que al final todo salga a las mil maravillas.

Entonces recibí un mensaje muy claro del arcángel Rafael: «Mi amor, llevamos mucho tiempo intentando ayudarte a encontrar unos días únicamente para ti, pero siempre dices que no. Ahora estarás tres días junto al mar. Sabemos que querías dedicarlos a empezar tu nuevo libro, pero en tu estado no podemos dejarte, por mucho que queramos. Así que, mi amor, eso quiere decir que tienes tres días libres para dormir y descansar; eso sí, ¡sin e-mails!».

Yo sabía que él tenía toda la razón e intenté planificar debidamente mi viaje. Pero la noche antes los unicornios me comunicaron que había llegado el momento de escribir un libro sobre ellos y me sacaron de la cama a la una de la madrugada para tomar notas del prólogo y la primera canalización.

Por eso no es de extrañar que tras la conversación telefónica con mi editor, camino del aeropuerto, en la que me dijo: «¿Un libro de unicornios? ¡Hecho!», en el avión me devanara los sesos. Por más que quisiera, no sabía de qué manera conciliar el descanso con la escritura de dos libros nuevos al mismo tiempo. Desesperada, durante el vuelo intenté meditar, cosa que normalmente me resulta muy fácil en cualquier sitio, pero mi mente no paraba de darle vueltas a los proyectos perfilados que querían ser llevados a término.

Con la cabeza como un bombo aparecí por fin en casa de mi amiga Susanna en Niza. Nada más llegar ya me puse a contestar a los primeros e-mails desde el iPhone, pero entonces me acordé de los unicornios-pegaso y les pedí encarecidamente: «Por favor, ayudadme a liberarme momentáneamente de mis creencias, ¡porque tengo que estar disponible en todo momento y lugar!».

Dicho y hecho, cuando después salimos a comer dejé tranquilamente el móvil en casa de Susanna.

A la mañana siguiente dormí a pierna suelta y me organicé la mañana como quise. Sin embargo, poco antes de empezar a trabajar recibí el claro mensaje de escuchar en el acto la meditación con unicornios-pegaso que yo canalizaba en mi programa de radio sobre unicornios; no tuvieron que decírmelo dos veces. Después me sentí definitivamente libre para descansar, y dejar de estar disponible. ¡Qué bien tan preciado!

Consigue libertad gracias a Miguel
y los siete unicornios-pegaso

Un ritual
(idóneo para empezar el día)

Busca un sitio tranquilo e inspira y exhala profundamente unas cuantas veces para conectar contigo mismo.

Ahora haz venir al arcángel Miguel y los siete unicornios-pegaso y pídeles que te liberen de todas las ataduras (patrones de creencias, opiniones, expectativas, etcétera) que te impiden ser libre.

Haz por lo menos tres inspiraciones profundas mientras el arcángel Miguel corta las ataduras con su espada del amor, la luz y la verdad, y los unicornios-pegaso las convierten en siete estrellas manifestadoras, luminosas y plateadas.

A continuación, piensa en lo que te gustaría manifestar en el día de hoy y dirige la energía hacia las estrellas plateadas. Observa cómo ascienden al tiempo que los unicornios-pegaso te envuelven en su brillante luz azul y blanca, forman un rombo a tu alrededor y el arcángel Miguel te cubre los hombros con su abrigo azul marino con capucha para que estés maravillosamente protegido.

Puedes repetir este ritual siempre que tengas la sensación de estar privado de tu libertad.

Un magnífico escolta

No sólo me gusta pedirles a los arcángeles Miguel y Rafael (y al arcángel Chamuel, si tengo que encontrar el camino) que me protejan y acompañen durante el viaje, sino que también me gusta llamar a los siete unicornios-pegaso. Cuando forman un rombo y escoltan mi coche, o a Susanna y a mí en moto o en avión, etcétera, es una preciosidad. También Susanna nota muy claramente que así la protección se intensifica aún más.

Además, he comprobado que experimento energías físicas negativas con mucha menos frecuencia que antes desde que también pido a diario a los siete unicornios-pegaso que me protejan.

Aumenta tu energía vital

Por lo que experimenté en una meditación, los unicornios-pegaso pueden aumentar nuestra energía vital. Pide simplemente que uno de ellos dirija su poderosa energía al arranque superior de tu columna vertebral a través de su cuerno de luz, y haz al menos tres inspiraciones profundas para absorberlo todo. En algunas ocasiones, al hacerlo desaparecen incluso dolores de cuello o espalda.

Afirmación espiritual

Pide primero al arcángel Miguel y a los unicornios-pegaso que te envuelvan en su poderosa luz azul, blanca y dorada, e inspira y exhala profundamente antes de decir (preferiblemente en voz alta):

Lleno de donaire, desenvoltura y misericordia, me libero de todas las creencias restrictivas, dogmas, miedos y apegos, así como de las opiniones ajenas y propias. Merezco ser libre. ¡SOY LIBRE! ¡SOY LIBRE! ¡SOY LIBRE!

¡Que sientas las alas suaves de los ángeles en noches templadas y días duros! ¡Que te presten confianza y fuerza en tu día a día!
BENDICIÓN IRLANDESA

Capítulo 2

El arcángel Raziel y el Consejo Superior Atlante de Unicornios

«¡*B*ienvenida, querida alma! Somos el arcángel Raziel y el Consejo Superior Atlante de Unicornios. Es para nosotros de suma importancia hablar contigo, porque en estos tiempos te parece que muchas cosas se confunden con este caos mundial y te plantean interrogantes, ya que no recuerdas qué decidiste al otro lado del velo antes de emprender tu viaje hacia esta encarnación. Tú entre un sinfín de personas más hicisteis cola para encarnaros durante el período de transición, pero en aquel entonces no podías prever lo que realmente se avecinaba, por eso estabas tan anhelante (como muchos otros).

Sin embargo, resulta que te has propuesto hacer muchas más cosas en esta vida de las que eres capaz de recordar, especialmente si naciste antes de la Convergencia Armónica de 1987, porque antes de esa fecha no estaba claro que la humanidad lograra aumentar tanto la vibración como para que aconteciera, en la medida de lo posible, un cambio de paradigmas y una nueva era dorada en la Tierra.

Debido a este hecho, muchas personas siguen teniendo almacenado en sus sistemas que en 2012 se acaba el mundo. Ni siquiera las generaciones más jóvenes están exentas de este miedo que muchos medios siguen atizando.

Si crees que actualmente estás en una especie de vacío y no sabes qué pasos dar, es que siguen afectándote los efectos de este acusado temor y ya es hora de liberarte de él de una vez por todas con nuestra ayuda, para que puedas culminar tu misión espiritual con donaire, desenvoltura y misericordia.

Además, en estos tiempos toca ahondar intensamente en las encarnaciones pasadas, puesto que repercuten más que nunca en tu vida actual. Siguen operando los votos, juramentos y decisiones férreas que no te dejan ser libre en el aquí y ahora. Nosotros, el arcángel Raziel y el Consejo Superior Atlante de Unicornios, tenemos acceso a los secretos más profundos de la Crónica del Akasha (donde se almacena el conocimiento completo del universo), y no sólo a todas las encarnaciones anteriores de todos los seres, sino que en la propia Crónica se nos ha permitido echar un vistazo al futuro, que aún no se ha grabado en piedra. Por eso uno de nuestros cometidos más importantes es ayudar a las personas a liberarse de las ataduras del pasado, para cambiar los potenciales de cara al futuro, para volver a alcanzar una época dorada de amor y de paz sobre la Tierra. Pero, insistimos, sólo podremos intervenir si tú, y los demás, nos lo permitís.

También es verdad que esta vida te tiene preparados muchos más encuentros sorprendentes de los que te puedas llegar a imaginar, ya que para crear las condiciones de un cambio hacia una nueva era dorada sobre la Tierra, las grandes almas de todos los tiempos ya han anunciado que volverán a encarnarse. De ahí que te tropieces con muchas personas que conoces de otras vidas y con las que es posible que tengas más confianza que con las que has pasado muchos años de tu vida actual. Son las personas con las que ya en otras épocas trabajaste y viviste para aumentar la luz de la Tierra –miembros de tu familia espiritual, que ahora han vuelto a reunirse para el cambio de paradigmas.

Asimismo puede que te sorprenda la cantidad de compañeros espirituales de encarnaciones anteriores que aparecen en tu vida, hacia los que automáticamente sientes mucho amor en el momento del reconocimiento, lo cual de vez en cuando se presta a confusión, pero esto no significa que tengas que entablar nuevamente una relación de amor con cada uno o cada una de ellos; más bien es parte del plan que tú y todas las demás almas decidisteis antes de volver a poneros rumbo a esta Tierra redonda para incrementar su frecuencia amorosa, pues única y exclusivamente el amor es capaz de volver a crear épocas doradas sobre este planeta.

De modo que te pedimos, querida alma, que con nuestra ayuda te liberes de las sogas de tu pasado para activar al máximo tu potencial amoroso, a fin de que tu mera presencia prenda el amor en los corazones de las personas que te encuentres y el amor que todo lo abarca vuelva a tener el poder de sanar a todos los seres de la Tierra y los planetas.

Ante ti nos inclinamos con profundo respeto por la tarea que te espera y que sabrás llevar a cabo lleno de amor. ¡Bienvenido!».

Círculos mágicos de agua

Ayer, 24 de agosto, vivimos una noche sumamente especial de media luna, tal como el arcángel Haniel había anunciado para mi calendario «Acompañantes divinos de 2012»: «En tu interior llevas la sabiduría milenaria. Conecta con las estrellas y la irás recordando».

Cuando leí este mensaje por la mañana, supe que teníamos que sentarnos bajo el cielo nocturno estrellado. «Esta noche tenemos que ir al mar a ver qué ocurre», le propuse a mi amiga. «Va a pasar algo».

Susanna accedió sin dudarlo, porque me conoce bastante.

Cuando la noche ya había caído y la media luna brillaba en el cielo con todo su esplendor, nos fuimos en su motocicleta a un lugar muy especial, desde el que hay unas vistas maravillosas de toda la Bahía de los Ángeles, pues Susanna *sabía* que éste era el sitio adecuado para esta noche. Nos sentamos tranquilamente a contemplar la media luna resplandeciente y el agua que brillaba frente a nosotras a la luz de ésta.

De pronto descubrimos a la vez un curioso círculo de agua en alta mar hacia el que desviamos nuestra atención. En cuestión de segundos fueron apareciendo cada vez más círculos como ése sobre una línea del agua, que parecía totalmente proyectada por la media luna.

No tardé en oír la voz del arcángel Raziel: «Queridas amigas, lo que en este momento se despliega ante vuestros ojos es la denominada línea Ley del agua, que une entre sí todos los océanos de la Tierra. Raras veces es perceptible al ojo humano. Seguid contemplando la luna y el mar, y aparecerán más formas».

¡No tuvo que decírnoslo dos veces! Abrimos todos nuestros sentidos y de repente vi al Consejo Superior Atlante de Unicornios flotando junto a los círculos de agua. Al instante me trasmitieron por telepatía el mensaje de que estos círculos, aparentemente semejantes a los círculos de las cosechas, como observó Susanna, indicaban a su vez una nueva activación de los chakras del planeta, bueno, la de los llamados chakras superiores, tal como se los conoce desde los tiempos de la Atlántida.

Mientras Susanna y yo seguíamos totalmente absortas en el espectáculo que tenía lugar ante nuestros ojos, los círculos mágicos del agua cambiaron y de pronto pudimos identificar en ella las hebras del ADN, brillando con los colores del arcoíris. En el mismo momento notamos cómo se activaban las hebras de nuestro ADN. Nuestros cuerpos empezaron a vibrar de un modo y manera completamente nuevos y hasta entonces desconocidos. ¡No teníamos ni idea de cómo había pasado! Fue, simplemente, de una belleza indescriptible, y conmovedor hasta los niveles más profundos (el nivel celular y del ADN)...

Al cabo de un rato emprendimos la vuelta a casa, donde nos fuimos directas a la cama, agotadas.

Esta mañana nos hemos dormido las dos y cuando por fin nos hemos despertado, teníamos la sensación de haber estado toda la noche trabajando como condenadas, pero a la vez nos sentíamos más libres que nunca. Yo he sentido una claridad cristalina parecida únicamente a la que experimenté durante mi encuentro con ballenas en Maui.

De repente nos hemos acordado de nuestra experiencia en el mar y, entonces, el arcángel Raziel y el Consejo Superior Atlante de Unicornios se han dirigido a mí: «Anoche no sólo se os activaron más hebras del ADN, sino que también fueron borradas de vuestro sistema experiencias dolorosas de más de veinte vidas anteriores; de ahí que por un lado estéis tan cansadas y por otro os sintáis tremendamente liberadas».

¡Menuda noche y menudo regalazo nos han hecho los poderes divinos, en especial el arcángel Raziel y el Consejo Superior Atlante de Unicornios!

Limpieza del pasado

Como siempre, este ritual es especialmente indicado para el momento en que ya te has acostado, puesto que durante el sueño tu ego no está activo.

Pide al arcángel Raziel y al Consejo Superior Atlante de Unicornios que te lleven a su templo atlante o a la séptima dimensión, al templo del pasado, lo que te parezca más conveniente.

Si no estás seguro, naturalmente también puedes comunicarte con Raziel y los unicornios para saber qué es mejor para ti, o dejar que te lleven «secuestrado» a ese lugar que te parece razonable.

Comunícales a estos poderosos seres cuáles son las vivencias pasadas (de ésta y otras vidas anteriores) que te abruman, y pídeles que trabajen contigo con sus energías de luz. La mayoría de las veces veo que este trabajo profundamente curativo lo realiza el arcángel Raziel junto con tres o nueve unicornios del Consejo Superior. Con el rayo que desprenden sus cuernos de luz, los unicornios borran de todos tus sistemas las experiencias traumáticas antiguas, en colaboración con las fuerzas mágicas del arcángel Raziel.

Es posible que sigas sintiendo algo antes de quedarte dormido, y también es posible que a la mañana siguiente te despiertes con la sensación de haberte sometido a una intervención etérea. Tal vez te sientas un poco cansado o simplemente libre y mucho más ligero.

Si tienes la sensación de que te abruman muchos «pasados», puedes pedir todas las noches esta forma de limpieza y disolución durante un período de tiempo más prolongado. Averiguarás el número de noches preguntándoselo al arcángel Raziel y los unicornios, empleando un péndulo o haciendo una depuración quinesiológica.

En caso de querer saber más sobre tus encarnaciones anteriores, de querer acercarte a tus decisiones, votos, juramentos y demás, y experimentar una sanación profunda, puedes también realizar el máster ANGEL LIFE COACH® (un coaching angelical) que yo misma certifico. Encontrarás más información en mi página web www.AngelLife-CoachTraining.com.

Activa las aptitudes de tus vidas pasadas

Así como el arcángel Raziel y el Consejo Superior Atlante de Unicornios pueden liberarte de los traumas de encarnaciones anteriores (y también de tu vida actual), también son capaces de volverte a conectar con las aptitudes de tus vidas pasadas. Pide simplemente que estos seres maravillosos activen tus aptitudes en tiempo divino y en consonancia con tu plan espiritual.

Pero también puedes crearte un espacio sagrado y procurar que nadie te moleste. Rodéate de buena música, el aroma de un aceite aromático y cosas por el estilo para preparar la energía. Naturalmente, esta activación también es posible hacerla en algún lugar maravilloso al aire libre.

Siéntate o túmbate cómodamente y pídeles al arcángel Raziel y al Consejo Superior Atlante de Unicornios que trabajen contigo y vuelvan a despertar tu antiguo potencial. Es posible que percibas cómo tu sistema se trasforma.

Al igual que todas las activaciones, también ésta se produce en consonancia con tu plan espiritual y no a la velocidad que quizá te imagines.

Afirmación espiritual

Pide primero al arcángel Raziel y al Consejo Superior Atlante de Unicornios que te envuelvan en su resplandeciente luz con los colores del arcoíris y su rayo poderoso y mágico, e inspira y exhala profundamente antes de decir (preferiblemente en voz alta):

Me desprendo de mis pasados y de todo miedo al futuro con donaire, desenvoltura y misericordia, con lo que mi vibración aumenta de una forma maravillosa. SOY un ejemplo luminoso de amor para los demás y recupero las aptitudes de mis vidas anteriores en tiempo divino y en consonancia con mi plan espiritual.

Capítulo 3

El arcángel Azrael y los potros de unicornio

«*B*ienvenida, querida alma. Somos el arcángel Azrael y los potros de unicornio. Estamos aquí para enseñarte que puedes vivir de otra manera cada proceso de duelo y pérdida. La pesadez experimentada en los últimos años y decenios da paso a una nueva levedad, ya que al fin podemos volver a trabajar conjuntamente como en la época dorada de la Atlántida y enseñarte que tu corazón puede ser consolado y sanado con delicadeza.*

Esto no significa que no vayan a derramarse más lágrimas; al contrario, se derramarán con más facilidad y se secarán antes si conectas con nosotros, porque nuestra luz pura limpiará tu corazón de todo dolor en tiempo divino. Así pues, querida alma, no reprimas tu sufrimiento, antes bien deja que todos tus sentimientos afloren y pídenos que te envolvamos en nuestra luz y te acariciemos y sanemos con nuestra curativa esencia astral. Notarás cómo tu corazón se abre otra vez y cómo empieza a florecer una delicada rosa. Tal vez hasta percibas su arrebatadora fragancia, que también contribuye a tu sanación.

De ti depende, alma querida, emprender este proceso lleno de entusiasmo y humildad; pero si lo haces, se liberarán unas misteriosas fuerzas que obrarán auténticos milagros y volverán a conectarte con una profunda alegría vital.

Permítenos ser tus acompañantes para que podamos consolarte llenos de donaire, desenvoltura y misericordia, y elevarte a nuevas cotas. Te damos la bienvenida y asistimos, llenos de reverencia y amor profundo, a tu auténtica grandeza, que somos capaces de ver en todo momento. ¡Que cada día sea más evidente para ti también!».

Ver a través del velo

Durante los días y semanas posteriores a la muerte de mi querido padre apenas tuve tiempo para volcarme en mi proceso de duelo, porque estaba muy ocupada con los preparativos de la incineración y el funeral, y con mis numerosos cursos de formación y talleres de ANGEL LIFE COACH®.

Recuerdo perfectamente que a los cuatro días del fallecimiento de mi padre me dispuse a impartir el siguiente máster de ANGEL LIFE COACH® en capacitación angelical sin tener ni idea de cómo iba a aguantar cinco días intensivos, que normalmente duran de diez de la mañana hasta por lo menos las diez de la noche, en ese estado de dolor. Pero como también era el deseo de los ángeles y de mi padre, me lo había trasmitido desde el otro lado del velo, me sometí a mi destino y continué con mi importante trabajo –como mi padre lo llamaba.

En el avión hacia Münster tuve por un lado la sensación de que se me partía el corazón de dolor y, por otro, sabía perfectamente que mi padre estaba de maravilla. Pocas veces he sentido esta dualidad tan acusada...

Las dos noches siguientes previas al máster en capacitación fueron más que agitadas, porque en ambas soñé con mi querido padre como si aún estuviese vivo. En cada ocasión me desperté totalmente aturdida. Y el dolor me sacudió con puño de hierro. Un reto de consideración que sólo fui capaz de superar gracias a mis años de práctica meditativa.

Normalmente no me pongo nada nerviosa antes de empezar un curso, pero en este caso no sabía si antes de la clase me desmoronaría deshecha en lágrimas. Un presentimiento nada bueno, sobre todo porque se trataba de un máster en capacitación.

Con muy malos presentimientos y una gran tensión me dirigí al aula del seminario y les pedí a todos los ángeles y unicornios que estuvieran junto a mí, porque quería informar al punto a los participantes de cómo me encontraba para que entendieran por qué quizás estaría más distante que otras veces.

Pero de pronto me invadió una gran tranquilidad; me sentí totalmente fortalecida y pude hablar de mis últimas vivencias y la muerte de mi padre con una profunda paz. De entrada los alumnos se quedaron impresionados.

Sólo al contarles el milagro que mi madre y yo habíamos experimentado justo tras su fallecimiento, ya que, pese al profundo dolor, habíamos logrado permanecer en una vibración alta con la ayuda de ángeles y unicornios, los participantes salieron de su aturdimiento. Y entonces tuvo lugar una auténtica clase de máster; ¡también para mí! Sin embargo, hubo un momento en que la pérdida me alcanzó de lleno: la primera vez que volví a casa de mis padres después del funeral, cuando ya no había nada más que organizar. De haber aflojado en ese instante, me habría ahogado en un mar de lágrimas. Pero procuré volver a hacerme la fuerte para apoyar a mi madre, cuyo dolor, después de haber pasado felizmente tantas décadas al lado de mi padre, tenía que ser mucho mayor que el mío.

Las noches en aquella cama en la que mi padre había muerto estuvieron nuevamente marcadas por intensos sueños en los que él se me aparecía. Estaba casi en las últimas cuando al fin volví a sumirme en una profunda meditación.

Había hecho venir a los unicornios para que me ayudasen. A dos de mis unicornios personales ya los conocía, pero de repente aparecieron un par de potros gemelos que me miraron a los ojos llenos de una pureza y una dulzura infinitas. Sentí que mis muros, que se sostenían a duras penas, empezaban a caerse; me rodaron lágrimas por las mejillas y cuando apoyaron sus maravillosas cabezas en mi regazo empezó la sanación.

Entonces volví a ver a través del velo y tuve una visión de mi padre que fue de una belleza sensacional: vestido con una bata de pintor azul claro, tal como lo recordaba de mi infancia, estaba en un jardín paradisíaco repleto de flores de colores sobrenaturales, pintándonos el Paraíso en un lienzo, porque quería que mi madre, Hubert, mi marido, yo y muchos otros lo viéramos para que la gente perdiera el miedo a la muerte. A su izquierda se hallaba un poderoso unicornio blanco como la nieve, que se irguió sobre las patas traseras, demostrando su enorme fuerza. Se me puso otra vez la piel de gallina cuando además vi a su querido perro, *Arri*, a su derecha, tumbado en la hierba.

Hasta el fin de su vida terrenal mi padre no había dejado de lamentarse por haber tenido que sacrificar a su maravilloso perro, porque en su habitación de Múnich, durante la carrera en la Academia de Bellas Artes, no permitían tener perros y, por lo visto, nadie quería quedarse con su amigo cuadrúpedo. Apareció un hombre que sí quiso quedarse con *Arri*, pero, lamentablemente, un día demasiado tarde... Tras la prematura muerte de su madre, mi padre no superó del todo este segundo revés del destino.

¡Qué felicidad volver a verlos juntos!

Al pasear la mirada vi también a Uta, la querida hermana de mi padre, víctima de un asesinato, tumbada boca abajo en la hierba, y al lado a su preciosa cachorra de perro pastor, *Bessy*, a la que un ladrón mató de un tiro.

¡Mi corazón se puso a cantar de alegría! Era tal la unión que imperaba entre los cinco seres que sentí que me envolvía una sensación de dicha infinita. Corrieron por mi cara lágrimas de gratitud eterna cuando mi padre empezó a hablarme y me trasmitió mensajes para mi madre, para Hubert y para mí. ¡Qué gran bendición divina me fue concedida gracias a la energía sanadora de mis potros de unicornio! Sentí un consuelo enorme y llevaré eternamente este encuentro en el corazón. ¡Gracias al cielo!

Ve al encuentro de los potros de unicornio y el arcángel Azrael para sanar

Un viaje astral

Vete a un lugar maravilloso –un lugar que conozcas o que crees con la imaginación, un lugar de tranquilidad y de paz, tu santuario. Inspira y exhala hondo varias veces y relájate. Disfruta de tu paradisíaco entorno con todos los sentidos y busca un sitio en el que puedas ponerte cómodo. Puede ser una hamaca, una manta, una piedra que te invita a sentarte, o algo similar. Conecta con tu corazón, siente tu interior y percibe cualquier pena o tristeza que quiera ser sanada. Sigue inspirando y exhalando regular y profundamente mientras haces venir al rebaño de potros de unicornio y al arcángel Azrael. Aparecerán en cuestión de segundos luz y formarán un maravilloso círculo sanador a tu alrededor. Siente la energía delicada, dulce y fascinante de los potros y la energía infinitamente amorosa y comprensiva del arcángel Azrael. ¡Una sensación divina!

Y en este instante tu potro de unicornio personal avanza hacia ti y apoya la cabeza en tu regazo, mientras Azrael te envuelve en su luz color crema y el rebaño de potros te envía al corazón una energía de unicornio absolutamente suave y pura.

Percibe cómo la tristeza antigua, el sufrimiento y la pena se funden y tú te sientes cada vez más luminoso y sosegado. La sanación se produce de la manera más suave, afectuosa y divina.

Notarás que tu alegría vital va en aumento y estás preparado para desprenderte realmente de tu dolor. ¡Disfruta tranquilamente de este rato con Azrael y el rebaño de unicornios!

El regalo de la alegría de vivir

Tanto para los ángeles como para los unicornios es de suma importancia que las personas vayamos por la vida llenas de alegría, pues sólo así podemos estar en una vibración alta.

A diferencia de los ángeles, que pueden ayudarnos en cualquier momento delicado, porque pueden cambiar su frecuencia, los unicornios únicamente están en condiciones de acercarse a nosotros cuando estamos en una energía luminosa. De modo que pregúntate cada mañana qué puedes hacer para que tu corazón ría y tu alma cante, ¡y hazlo!

A continuación haz venir a los potros de unicornio y pídeles que te envíen su fascinante energía luminosa a través de sus cuernos de luz. Sentirás que tu vibración aumenta cada vez más al margen de lo que en ese momento esté pasando en tu vida.

Afirmación espiritual

Pide primero al arcángel Azrael y los potros de unicornio que te envuelvan en su luz color crema y su delicada luz de unicornio, e inspira y exhala profundamente antes de decir (preferiblemente en voz alta):

Con donaire, desenvoltura y misericordia hago frente a cualquier tristeza o cualquier pena. Transito por ellas con confianza plena y salgo con renovada alegría vital. ¡SOY un ser luminoso lleno de luz y alegría!

Capítulo 4

El arcángel Rafael y los unicornios sanadores atlantes

«*¡B*ienvenido, querido ser! Somos el arcángel Rafael y los unicornios sanadores atlantes. Nos alegra enormemente volver a dirigirnos hoy a ti, ¡como en los viejos tiempos! Hace mucho fuiste plenamente consciente de que la sanación tenía lugar en unos planos distintos de los que la mayoría de la gente ha supuesto hasta el día de hoy. Incluso en los círculos espirituales la sanación es algo que sí comprende los diferentes cuerpos de las personas, pero casi siempre olvida el plano espiritual.*

Antes de que vosotros, los humanos, llegarais a este planeta, decidisteis, entre esta encarnación y la anterior, aprender determinadas lecciones espirituales. Dado que todos los problemas que os habéis propuesto afrontar están relacionados con éstas, la sanación física completa sólo es posible si el alma está implicada en el proceso, como sucedía en la época dorada de la Atlántida.

Nosotros, el arcángel Rafael y los unicornios sanadores atlantes, hasta el día de hoy nos hemos puesto y nos ponemos en contacto en primer lugar con el alma de la persona a sanar, para identificar el plan que esa alma ha elegido para esta vida. Con ello vemos qué cosas tiene aún que comprender esa persona para poder regresar a la unidad con el Todo; así sabemos también lo que ya podemos sanar —en todos los planos, también el espiritual.

De esta manera, llegado el momento y cuando la persona ya ha afrontado conscientemente sus problemas, pueden producirse, por decirlo así de la noche a la mañana —utilizando vuestro lenguaje—, auténticos milagros de la sanación al más profundo de los niveles.

Así pues, querida alma, cuando necesites sanar puedes llamarnos y pedirnos que te alumbremos con nuestros cuernos de luz para distinguir el camino de tu sanación y sanarte en tiempo divino en consonancia con tu plan espiritual.

Pero entiende que esto no te libra de aprender tus lecciones ni de hacer tus deberes espirituales. ¡Ahora siente cómo te envolvemos en nuestra sanadora luz dorada y verde esmeralda, y disfrútalo!

Siempre te querremos y estaremos a tu servicio cuando lo desees. Ahora te damos la bienvenida desde un profundo respeto por todas las cuestiones que te has propuesto sanar en esta encarnación».

Un rencuentro provechoso

El día antes de empezar el primer «Retiro de Ángeles» que yo había organizado, volví a recalar en «mis» maravillosas habitaciones del hotel de Weiler. Estaba muy ilusionada, pero me asaltó una nube de tristeza, ya que en esa suite unos meses antes había estado tratando a mi padre a distancia todas las mañanas a las cinco, y había recibido la impactante llamada en la que me comunicaron que había perdido más de la mitad de sangre y que su vida pendía de un hilo.

Volví a ver todos los cuadros ante mí y me sentí como si todo estuviese pasando otra vez. Aquello me arrolló y me cogió totalmente desprevenida, así que no tenía la menor idea de cómo iba a aguantar los próximos días.

Por las noches me metía en la cama con el corazón encogido, tenía sueños confusos y a las cinco de la mañana no me despertaba precisamente fresca para la clase de yoga.

En un estado bastante lamentable me dirigí junto con mis dos ayudantes, Dani y Jessica, a la sala en la que el Hermano impartía dos horas de yoga. Nos colocamos relativamente cerca de la parte delantera y nos sentamos tranquilamente en nuestras colchonetas de yoga. Antes de que aquello empezara oficialmente, de pronto sentí la imperiosa necesidad de girarme. Posé un segundo los ojos en un participante al que no conocía y que estaba rodeado de una energía muy especial. Supe al instante que nos teníamos que encontrar en esta vida y en cierto modo me sentí mejor.

Mientras el Hermano impartía una intensa sesión de yoga en la que nos pidió que nos enfrentáramos abiertamente con nuestras emociones, volví a trabajar una vez más en el dolor resultante de la pérdida de mi querido padre y fui recobrando más y más fuerzas.

Al término de las dos horas teníamos que regalarnos abrazos fraternales unos a otros y el joven que me había llamado la atención no tardó mucho en acercarse, me abrazó, se presentó y me contó que había oído hablar mucho de mí. A partir de ese momento reinó entre nosotros una confianza inexplicable.

Por la noche Kristof y yo volvimos a vernos durante una ceremonia del fuego al aire libre, en la que como siempre yo abrazaba a todos los participantes. Al fin le llegó el turno a él y durante el abrazo nos sacudió una especie de descarga eléctrica, y supimos que como mínimo nos conocíamos de una vida anterior y que la conexión mutua había sido extraordinariamente profunda.

Sin embargo, como estaba muy atareada, porque en el «Retiro de Ángeles» los días eran largos (desde las seis de la mañana hasta como mínimo las diez de la noche), no pude darle más vueltas al asunto.

Finalmente, dos días después dirigí una especie de meditación interactiva para dar la posibilidad a los participantes de practicar la escritura automática y la canalización. Mientras todos escribían y/o dibujaban, aterricé de pronto en una vida anterior en la Atlántida y vi a Kristof y a mí misma como sacerdote y sacerdotisa sanadores en un templo de la sanación de aspecto muy futurista al lado del arcángel Rafael y los unicornios sanadores. Juntos formábamos un círculo alrededor de las personas a sanar, mientras nosotros dos nos colocábamos frente a frente y enviábamos energía sanadora desde nuestro tercer ojo, es decir, desde nuestro cuerno de luz, exactamente igual que los unicornios, y junto con ellos obrábamos auténticos milagros. Verlo fue increíblemente poderoso y supe que Kristof y yo teníamos que hablar urgentemente con calma.

Fue increíble ver la rapidez con que él se familiarizaba con los ángeles y la energía de unicornio, pese a no haber asistido en la vida a un taller de ángeles ni nada por el estilo. Mientras conversábamos pude percibir y ver la energía que, como en los viejos tiempos, iba y

venía de su tercer ojo al mío. También Rafael y los unicornios sanadores estaban presentes, y noté que cada vez me sentía más ligera –y
que tenía lugar la sanación–. De repente pude volver a disfrutar de lo
lindo de mis maravillosas habitaciones del hotel de Weiler.

Pero hasta el viaje de Weiler a casa de mis padres no entendí la
auténtica dimensión de la sanación que se había producido gracias al
rencuentro con Kristof y la reactivación de nuestra antigua energía
sanadora. Por primera vez desde la muerte de mi padre me alegraba
de ir «a casa» y podía entrar en ella sin sentimientos contradictorios.
Ese mismo día me senté a mi piano de cola, lo cual no había sido
capaz de hacer desde que toqué durante el funeral, y experimenté la
íntima proximidad que sentía hacia mi padre cuando tocaba música
–y sin ningún dolor–. Qué gran regalo del cielo que incluso a día de
hoy me conmueve con profunda humildad...

Sanación durante el sueño

Recuerda que los minutos que pasas acostado durante el reposo nocturno son un momento maravilloso para la sanación, ya que durante el sueño tu ego no se interpone. Puedes pedirles al arcángel Rafael y a los unicornios sanadores atlantes que te lleven al templo sanador atlante, para experimentar allí la sanación.

Comunícales a estos seres maravillosos lo que te abruma en el plano físico o también en otros planos, y pídeles que trabajen contigo con sus energías de luz. Puede que notes algo antes incluso de quedarte dormido; también es posible que a la mañana siguiente te despiertes con nuevos conocimientos, que tendrás que trasformar y además trabajar para aprender las lecciones espirituales (ocultas), pues, como sabes, los ángeles y unicornios trabajan también en el plano espiritual. Además, tal vez luego te sientas mucho mejor.

En caso de que se trate de un asunto de mayor trascendencia, puedes pedir esta forma de sanación todas las noches durante un período de tiempo más prolongado. Puedes averiguar el número de noches preguntándoselo a Rafael y los unicornios, o empleando un péndulo o haciendo una depuración quinesiológica.

Rodéate y/o rodea a otros de energía sanadora

Naturalmente, en cualquier momento puedes pedir al arcángel Rafael y a los unicornios sanadores atlantes que te rodeen con su poderosa energía sanadora dorada y verde esmeralda, la envíen a todos los niveles de tu cuerpo y entren en contacto con tu alma para una sanación completa. Sólo esto produce en ocasiones resultados magníficos.

De igual modo puedes solicitar la energía sanadora también para otras personas.

Afirmación espiritual

Pide primero al arcángel Rafael y los unicornios atlantes de la sanación que te envuelvan en su resplandeciente luz dorada y verde esmeralda, e inspira y exhala profundamente antes de decir (preferiblemente en voz alta):

Me abro a la sanación en todos los planos, especialmente el plano espiritual, y sé que sucede en consonancia con mi plan espiritual divino. ¡ESTOY totalmente sano!

Capítulo 5

El ángel Shushienae y los unicornios de la pureza

«*¡B*ienvenidos, querido amigo, querida amiga! Somos el ángel Shushienae y los unicornios de la pureza. Es para nosotros sumamente significativo volver a contactar contigo en estos momentos turbulentos del período de transición. Nunca ha sido tan importante estar lo más puro posible, ya que cada pensamiento, así es, cada pensamiento que tienes, querida alma, lleva en sí la fuerza de la manifestación.*

En estos tiempos de gran aumento de la vibración del planeta Tierra cada acontecimiento se acelera mucho más –tanto en lo bueno como en lo malo, por utilizar tu lenguaje–. Eso significa que el impacto de tus pensamientos, tus palabras y tus actos se deja notar mucho antes que nunca. Por algo los humanos habéis acuñado el concepto del «karma instantáneo», que deja muy claro que es sumamente importante llevar una vida pura para no experimentar turbulencias cotidianas que tú mismo has creado mediante tus actos en todos los planos. Cualquier forma de manipulación arrojará sombras sobre la persona que la realiza consciente o inconscientemente, pues en estos tiempos en torno a 2012 surge una nueva transparencia sobre la Tierra como la que se conoció en la época dorada de la Atlántida. Sólo así volverá a ser posible la paz en la Tierra.

De este modo caerán muchas máscaras y verás los verdaderos rostros de las personas. Esto puede que te dé algunos sustos, porque afectará también a algunos de los llamados maestros espirituales que no tienen un corazón puro.

Pero como es nuestro deber contribuir a incrementar la pureza de la Tierra, tenemos que destapar ciertos defectos. Nuestra frecuencia (Isabelle von Fallois: es decir, la frecuencia de los unicornios de la pureza) es tan alta que hasta hace poco no hemos podido volver a acercarnos al planeta Tierra. Sin embargo, sólo podemos hacer nuestro trabajo si la vibración está en constante aumento, porque, a diferencia de los ángeles, nos cuesta igualar nuestra frecuencia a la de los hombres, que vibran con una más baja. Por eso utilizamos nuestros rayos de luz, para llevar luz donde hay oscuridad.

Así pues, toma conciencia de que debes afrontar decidida y definitivamente tus problemas si empiezas a trabajar con nosotros, porque nuestra luz lo descubre todo. De modo que no te extrañe que tu vida gane en velocidad y turbulencias (que tú mismo has creado) en cuanto nos llames a ella.

Pero sólo así reconocerás que eres el responsable de las circunstancias de tu vida, y estarás preparado para solicitar la pureza que necesitas a fin de que juntos creemos milagros en el verdadero sentido de la palabra trabajando con el mundo espiritual.

Querida amiga, querido amigo, probablemente ahora te preguntarás qué significa llevar una vida pura. No te preocupes; no quiere decir que tengas que vivir con absoluto ascetismo, sino que se trata de actuar con un corazón puro en todos los planos de tu vida. Esto empieza por alimentar tu cuerpo únicamente con sustancias que luego te hagan sentir lúcido y ligero, pues lo que ingieres determina la calidad de tus pensamientos. Un exceso de carne, pescado, azúcar, cafeína, alcohol, nicotina y demás estupefacientes (Isabelle von Fallois: con ello nos referimos no sólo a las drogas, sino también a

Internet y medios de comunicación) incrementa considerablemente tu agresividad potencial, como bien sabes, y disminuye tu capacidad de ir albergando y diciendo progresivamente más pensamientos o palabras positivos sobre ti y los demás. Sin embargo, cuando nutres tu cuerpo de una manera prodigiosa, ingiriendo alimentos y bebidas naturales, pasando mucho rato al aire libre, estando regularmente en contacto con el agua y meditando diariamente, te resulta mucho más fácil vencer tu ego y trabajar a diario para no manipular a nadie, no ofender a nadie y llevar una vida pura.

Créenos, querida alma, tener un corazón puro es todo menos aburrido y te permite estar en todo momento en el AHORA, en el flujo, percibir los mensajes que nosotros y el resto de seres de luz te hacemos llegar constantemente, estar en el momento adecuado en el sitio adecuado para encontrarte con las personas capaces de trasformarte y enriquecerte, a ti y a tu vida, y así cumplir el plan de tu alma, tus sueños en la Tierra.

Además, de este modo los nuevos retos que te planteará la vida parecerán muy distintos y te arrancarán una sonrisa cada vez más frecuente, porque sabes que has vuelto a elegir crecer, pues al fin y al cabo ¡tú eres el realizador o la realizadora de tu vida! Con este espíritu, te saludamos llenos de respeto por tu valor para llevar a cabo una trasformación tan completa en esta vida.

Ahora siente cómo te envolvemos en nuestra luz blanca y resplandeciente, que ilumina tu envoltorio humano y la totalidad de tu ser con la frecuencia de la pureza, y permanece un rato en esta sensación».

La inesperada aparición de los unicornios de la pureza

De nuevo estaba en Niza, en mi querida Bahía de los Ángeles, lanzándome emocionada contra las olas, porque me encanta nadar en el mar y notar cómo todas las capas de mi aura y mis chakras se purifican en un santiamén y me siento cada vez más luminosa y ligera.

Me alejé de la orilla lo suficiente para dejar de oír voces humanas, y mientras nadaba me comuniqué como tantas otras veces con la diosa del agua, Coventina, los ángeles del mar y naturalmente también con el ángel Shushienae, que me ayuda (a mí y lógicamente a todos los demás) a liberarme de las emociones que están desequilibradas.

De pronto tuve que parar en plena conversación, porque vi volando junto a mí unas curiosas bolas de brillante luz (orbes) que no conocía. Me comuniqué con ellas:

—¿Quiénes sois? ¡No os conozco! –pregunté.

Y entonces resonó la respuesta de unas encantadoras voces –curiosamente en inglés:

—¡Somos los unicornios de la pureza!

—¡Qué maravilla! Me alegro mucho de conoceros. Nunca pensé que os encontraría flotando sobre el agua.

—Sí, ¡ya era hora! Pero es que sólo podemos acercarnos cuando la frecuencia de la persona en cuestión es lo bastante alta. Ya hemos estado cerca de ti en otras ocasiones, pero estabas demasiado centrada en tu trabajo para percibirnos. En el agua estás en tu elemento y, por tanto, más receptiva a este tipo de encuentros.

A continuación empezaron a comunicarse conmigo de forma telepática. Tuve que tumbarme boca arriba y dejarme llevar por el mar sin hacer movimiento alguno, a fin de que con sus cuernos de luz pudiesen trabajar en mí con total tranquilidad. Fue maravilloso. Como si sus cuernos de luz me limpiaran hasta en los niveles más profundos –cosa que de hecho hicieron, como acaban de confirmarme.

Cuando al cabo de un rato por fin volví a nado a la orilla, me sentía infinitamente limpia y libre. Tanto mis pensamientos como mis emociones estaban dominados por un profundo amor hacia todo y todos. ¡Una sensación divina!

Pero pronto notaría las posteriores repercusiones de este encuentro, porque, naturalmente, ya en el mar había decidido trabajar de manera intensiva con los unicornios de la pureza para seguir aumentando mi vibración y volverme más pura.

Me había habituado a comer pescado alguna que otra vez en mis viajes –aunque llevaba años siendo totalmente vegana y es lo que sigo haciendo en casa–, porque si no tenía dificultades para ingerir suficientes proteínas y no quería hincharme a hidratos de carbono. Pero cuando tomé pescado aquella noche después de la aparición de los unicornios de la pureza, me encontré de todo menos bien y ligera. Más bien al contrario: me sentía verdaderamente pesada y dispersa.

No volví a encontrarme mejor hasta que Hubert y yo nos fuimos después a nadar al mar. No tardé en obtener la respuesta a ello: «Has enviado el mensaje de que quieres ser aún más pura y, por tanto, tu sistema se protege de la ingestión de alimentos que contienen energía de la muerte. Por eso te recomendamos enérgicamente que tomes sólo alimentos y bebidas puras, sobre todo si en los próximos días pretendes dedicarte a escribir el libro de ángeles y unicornios».

¡Meridianamente claro! Les di las gracias a los unicornios de la pureza por su mensaje y empecé al instante a controlar mi alimentación.

Cuando varios días después retomé por fin la escritura de este libro, pude notar la facilidad con que la energía de los unicornios fluía a través de mí trasformándose en palabras. Una vez más fui consciente de lo mucho que influye en nuestra vibración todo aquello que ingerimos –no sólo los alimentos–, y decidí ser aún más cuidadosa que antes.

Sé honesto contigo mismo

Antes de empezar créate un espacio sagrado: procura que no te molesten y rodéate, por ejemplo, de buena música, luz de velas, un aroma agradable y uno o varios cristales para preparar la energía de la habitación y que te sea más fácil afrontar tus problemas con honestidad.

Naturalmente, también puedes hacerlo en algún lugar maravilloso al aire libre, porque la naturaleza te aportará al instante más pureza.

Asimismo es importante tener a mano papel y lápiz, porque lo mejor sería dejar constancia escrita de tus respuestas. Tómate el tiempo suficiente para cada pregunta. Medita sobre ella antes de anotar lo que hayas detectado.

- ¿Llevo una vida pura?
- ¿Nutro mi sistema con pureza?
- ¿Tomo alimentos, bebidas y demás que sean puros, o soy adicto a ciertos alimentos, estupefacientes y drogas?
- ¿Leo con frecuencia libros (no tienen por qué ser necesariamente «espirituales»), revistas y cosas por el estilo, o pierdo el tiempo con noticias e información negativa, dimes y diretes?
- ¿Veo películas, programas y páginas de Internet que me nutren e inciden positivamente en mi vibración o me dejo arrastrar por el torbellino de la masa?
- ¿Manejo el dinero con conciencia (es decir, pago facturas e impuestos en el acto, soy en buena medida generoso, gasto únicamente el dinero que tengo, etcétera) o su manejo me bloquea (es decir, tengo la cuenta al descubierto, vivo de un dinero del que aún no dispongo, acepto dinero negro, etcétera)?
- ¿Tengo pensamientos positivos o más bien negativos?
- ¿Formulo frases positivas o más bien negativas?

- ¿Me encuentro con muchas personas positivas o con más negativas?
- ¿Mi círculo de amigos me conviene y apoya mi camino espiritual o me impide vivir una vida pura en tanto quiera seguir perteneciendo a él?
- ¿Me comunico con las personas de mi entorno y les ayudo lleno de amor y desde mi yo superior, o les hablo y ayudo (manipulo) desde el ego para de esta manera sacar provecho?
- ¿Qué tal me va con mi pareja? ¿Podemos llevar juntos una vida pura, cada uno a su manera?
- ¿Disfruto de mis necesidades sexuales desde una frecuencia alta o de un modo más bien «terrenal»?

No juzgues por ti mismo si hay que cambiar algo para llevar realmente una vida pura; por el contrario, piensa tranquilamente con el ángel Shushienae y los unicornios de la pureza qué prioridades quieres establecer y cómo puedes ponerlas en práctica –¡paso a paso!

No hay por qué agobiarse; ve paso a paso. Además así conseguirás aguantar, con ayuda de Shushienae y los unicornios. Créeme, vale la pena, porque cuanto más puro seas más sincronicidades y milagros te ocurrirán en la vida.

(Para trabajar con más intensidad, tienes la posibilidad de realizar el programa de ángeles de veintiocho días que está en mi libro *La fuerza sanadora de tus ángeles* y en los CD «La fuerza sanadora de tus ángeles» y «Afirmaciones espirituales»).

Al hilo de esto me viene a la memoria una frase de Jesucristo que resume todo esto a la perfección:

«Bienaventurados los puros de corazón, porque ellos verán a Dios» (San Mateo 5,8).

¡Que todos volvamos a tener un corazón puro para lograr la paz en la Tierra!

Acuerda un pacto con el ángel Shushienae y los unicornios de la pureza

Acordar un «pacto de pureza» con Shushienae y los unicornios de la pureza es, sin duda, una buena decisión.

Ahora bien, te lo advierto porque las repercusiones pueden ser intensas: si comes o bebes algo que no es del todo puro, ¡es probable que pagues las consecuencias en el acto!

Por otra parte, puedes pedirles a estos seres puros que te avisen con delicadeza cuando vayas a cometer una insensatez.

Una ducha con el ángel Shushienae
y los unicornios de la pureza

Un ritual matutino
(pero también ideal durante el día y por la noche)

Pide al ángel Shushienae y los unicornios de la pureza que, mientras te duchas, limpien tus chakras y todo tu sistema con su radiante luz blanca y el rayo de pureza que sale de sus cuernos de luz. Tómate el tiempo suficiente para que puedan hacer su trabajo con calma. Notarás o sabrás cuándo estás «limpio», porque la sensación es magnífica.

Estate regularmente en contacto con el agua

Como bien sabes por lo que te he contado, tanto a los unicornios de la pureza como a Shushienae les gusta estar cerca del agua, porque es el elemento más purificador de todos. Por eso es muy útil bañarse lo más a menudo posible; además, bañándote te será mucho más fácil desprenderte de las emociones que te abruman con ayuda de Shushienae y los unicornios de la pureza.

Naturalmente, si puedes nadar en un lago o en el mar, fantástico, pero incluso aunque estés tranquilamente sentado o de pie en el agua, si les pides a estos seres maravillosos y puros que vengan, tu vibración cambiará en el acto.

Afirmación espiritual

Pide primero al ángel Shushienae y los unicornios de la pureza que te envuelvan en su luz blanca y resplandeciente, e inspira y exhala profundamente antes de decir (preferiblemente en voz alta):

Desde lo más hondo de mi corazón decido llevar una vida pura y actúo en consecuencia. ¡SOY un canal puro para los mensajes de los mundos luminosos!

Capítulo 6

El ángel Ooniemme y los unicornios de las estrellas

Bendiciones de esencia astral plateada

*«¡B*ienvenidos, querido amigo, querida amiga! Somos el ángel *Ooniemme y los unicornios de las estrellas. Al fin volvemos a unirnos en esta época y podemos actuar juntos. Por eso nos alegra especialmente poder hablarte hoy. Como seguramente habrás percibido ya, nuestra energía es de una naturaleza más delicada que la de los demás ángeles y grupos de unicornios, aunque nuestras acciones no son menos contundentes, como en breve comprobarás.*

Nuestra misión conjunta en la Tierra es abrir los ojos de las personas al regalo de su existencia terrenal para que puedan conectar definitiva y realmente con la frecuencia de la gratitud y las bendiciones.

Así pues, te rogamos encarecidamente que vivas cada vez con más conciencia en el AHORA, pues sólo de esta forma te percatarás del sinfín de regalos y bendiciones que diariamente te acompañan. Abre los ojos, los ojos de tu alma, para ver realmente lo que te rodea (Isabelle von Fallois: aquí también se refieren a personas, situaciones, etcétera) —en su infinita variedad, su belleza diversa—, y tu corazón rebosará de profunda reverencia e inmensa gratitud por la magnificencia de la creación.

Imponiéndote una frecuencia cada vez más elevada, cambiará la velocidad de tus manifestaciones, a las que contribuimos con gran placer. ¡Con nuestra esencia astral plateada somos capaces de llevar a cabo cosas realmente mágicas!

Así que pídele a ésta nuestra inestimable esencia que bendiga todo aquello por lo que estás agradecido –ya pertenezca al pasado, ya al presente o al futuro–. Con ello la vibración del pasado, el presente y el futuro aumentan de una forma maravillosa. Puede que esto suene paradójico, pero es la más pura verdad, porque como sabes el tiempo es cualquier cosa menos lineal.

Debes saber que el poder de la gratitud y las bendiciones, igual que el poder del amor, no conoce fronteras. Así que asciende a sus alturas, ¡y tu vida será un milagro único!

Con este espíritu, te damos la bienvenida, querida alma. Nos conmueve en lo más íntimo envolverte en nuestra luz blanca y tornasolada sumamente resplandeciente y verter sobre ti nuestra esencia astral plateada, a fin de que seas bendecido para toda la eternidad».

La magia
de la gratitud

Anoche, 22 de agosto, estaba acostada en la cama pensando en el avance de este libro. Sabía que era deseo expreso del ángel y los unicornios que lo estructurara de una manera muy personal, sin llenarlo también de experiencias de otras personas como en mis anteriores libros de divulgación y calendarios.

Sin embargo, de repente sentí muy claramente que para el capítulo del ángel Soqedhazi, así como de la reina y el rey de los unicornios, necesitaba una historia de amor ajena. De modo que, para extraerla, cogí mi iPod con la intención de escuchar la «meditación amorosa» del ángel Soqedhazi y de la reina y el rey de los unicornios que yo había canalizado en un curso de formación.

Llevaba ya unos cuatro minutos escuchando atentamente, cuando Susanna, que compartía habitación conmigo, volvió a decirme algo. Interrumpí la meditación y estuve un rato charlando con ella.

Cuando por fin volví a encender el iPod me topé curiosamente con una meditación totalmente distinta, una meditación del ángel Ooniemme que trata de ser agradecido y bendecirlo todo para atraer aún más bendiciones. Como sé interpretar las señales cuando estoy conectada con mi interior, tuve claro enseguida que para incorporar esta historia de amor en mi vida tenía que entrar en contacto con Ooniemme y los unicornios de las estrellas. Así que les pedí a estos seres maravillosos que me envolviesen en su resplandeciente luz blanca y tornasolada, y me centré en mi corazón para conectar con la energía de la gratitud. De entrada di las gracias para mis adentros por haber vuelto a encontrar con tanta facilidad un acceso a la escritura, pues debido a otros compromisos había estado algún tiempo sin tenerlo.

A continuación bendije el proyecto de este libro y pedí a los unicornios de las estrellas que dejaran que su esencia astral plateada «lloviera» sobre mi libro. ¡Fue una sensación maravillosa!

Henchida de felicidad, ya podía saciar mi deseo de manifestar en este libro una historia de amor fascinante. Volví a dar primero las gracias de todo corazón por la trasmisión de dicha historia y, acto seguido, dejé que los unicornios de las estrellas hicieran su trabajo divino.

Desde el profundo convencimiento de que todo lo que tiene que pasar, pasará, me desprendí totalmente de mi deseo y hacia las doce y media de la noche escuché finalmente la meditación que había querido oír desde el principio.

Esta mañana me he despertado pletórica y he vuelto a meditar primero para prepararme para escribir. He cogido el iPhone mientras estaba aún en la cama y de pronto he sabido que tenía que entrar en Facebook, cosa que no suelo hacer jamás por las mañanas en la cama cuando estoy en período de escritura. Y he visto que una de mis participantes, Lisa, la pintora, exactamente a las siete horas (el siete es el número de los unicornios) de haberme desprendido de mi deseo, me envió una fantástica historia de amor que había manifestado con la ayuda, entre otros, del ángel Soqedhazi y de la reina y el rey de los unicornios, y que quería que yo tuviera para un libro futuro (no tenía ni idea de que ahora mismo estoy escribiendo uno) o lo que fuera. ¡Mi gratitud y humildad ante las obras de los seres divinos no tiene límites!

Pero lo más curioso viene ahora... Al escribir a Lisa y contarle que tan sólo unas horas antes había pedido una historia como ésa, me he enterado de que anoche intentó por todos los medios dormir, pero la tormenta y el pánico de su perro se lo impidieron. Cuando finalmente pudo volver a acostarse, se le apareció una joven conocida que se había suicidado unas semanas antes. Estuvieron un rato hablando de entrar en la luz y del otro lado del velo.

Después de aquello Lisa estaba completamente desvelada como para pensar siquiera en dormir. Recibió un impulso de arriba y en torno a las cuatro y media se sentó frente al ordenador para escribirme su historia de amor, exactamente a las cuatro horas (el cuatro es el número de los ángeles) de que yo finalizara mi ritual de manifestación.

Una vez más estoy inmensamente feliz y emocionada por el sinfín de sincronicidades que se producen bajo la dirección de los ángeles y unicornios.

En el séptimo capítulo leerás la maravillosa historia de Lisa.

Finaliza el día con gratitud

Un ritual
(naturalmente, también es adecuado
para cualquier otro momento del día)

Como habrás deducido de la historia anterior, conectar con la energía del ángel Ooniemme y los unicornios de las estrellas antes de dormir es muy poderoso. Puedes hacerlo antes de acostarte o cuando estés ya cómodamente echado sobre la almohada (me gusta la última variante).

Pero pídele primero al arcángel Miguel que corte todos los lazos energéticos que llevas adheridos y no están compuestos de luz y amor. Durante el proceso inspira y exhala profundamente tres veces por lo menos.

Haz venir al ángel Ooniemme, el ángel de la gratitud y las bendiciones, y a los unicornios de las estrellas, y pídeles que te envuelvan en su resplandeciente luz blanca y tornasolada, e inspira y exhala hondo para absorber su vibración. Conecta con tus corazones –el chakra cardíaco a la altura del pecho, el centro del alto corazón en la zona del timo y tu corazón cósmico, que te trasciende ampliamente–, así como con la energía de la gratitud. Disfruta sintiendo que tus corazones se expanden cada vez más con ayuda de la frecuencia tan pura de Ooniemme y los unicornios de las estrellas. Mientras realizas este ritual procura volver a inspirar y exhalar profundamente.

Ahora repasa la jornada y recuerda todos los momentos por los que estás agradecido. Pueden ser instantes felices y también aquellos que han sido un reto para ti, pero gracias a los cuales has podido volver a crecer. Si quieres, también puedes anotarlo todo (puedes consultar mi libro *La fuerza sanadora de tus ángeles*, concretamente el capítulo sobre el ángel Ooniemme).

Intenta sentir gratitud hacia cada uno de estos momentos antes de empezar a bendecirlos. A continuación, pídeles a los unicornios de las estrellas que dejen que su esencia astral plateada «llueva» sobre cada uno de estos instantes. Mientras lo haces tu vibración seguirá cambiando debido a la energía pura de las bendiciones que emana de la esencia astral plateada de los unicornios de las estrellas.

Después puedes reflexionar sobre los deseos que albergas para el día siguiente o incluso más adelante. Vuelve a conectar con la energía de la gratitud y da las gracias como si tus deseos ya hubieran sido colmados. Bendícelos y pide a Ooniemme y los unicornios de las estrellas que extiendan asimismo sus bendiciones sobre tus deseos.

Cuando notes que han hecho su trabajo, habrá llegado el momento de desprenderse de los deseos y dejarse llevar por estos maravillosos seres al reino de los sueños.

Deja que «lluevan» las bendiciones

¡Me encanta bendecir a otras personas o que me bendigan! Desde que los unicornios de las estrellas entraron en mi vida, les pido regularmente que bendigan con su esencia astral plateada a personas, animales, plantas, lugares, situaciones, talleres, retiros, cursos de formación..., o la viertan sobre la persona en cuestión, etcétera (en forma de lluvia). Evidentemente, es especialmente importante hacer esto no sólo con las personas o situaciones que nos gustan, sino también con las personas y retos que aparentemente nos hacen la vida más difícil.

Afirmación espiritual

Pide primero al ángel Ooniemme y los unicornios de las estrellas que te envuelvan en su luz blanca y tornasolada y su esencia astral plateada, e inspira y exhala profundamente antes de decir (preferiblemente en voz alta):

Mi gratitud crece día a día, porque recibo como un regalo cada uno de los momentos de mi vida. ESTOY infinitamente agradecido por todas las bendiciones, sincronicidades y milagros de mi vida.

Que los ángeles de Dios
estén siempre contigo,
te acompañen, protectores,
en el trascurso de la jornada,
desde que despunta el día
hasta que sale la luna,
en el trascurso del año,
desde que los capullos florecen
hasta la cosecha,
en el trascurso de la vida,
desde la niñez hasta la ancianidad.

BENDICIÓN IRLANDESA

Capítulo 7

El ángel Soqedhazi y la reina
y el rey de los unicornios

«*B*ienvenida, querida alma. Somos el ángel Soqedhazi y la reina y el rey de los unicornios. Siente cómo te envolvemos en la luz rosa y dorada de alta frecuencia que alguna vez has tenido que notar para volver a convertirte en el ser amoroso y resplandeciente que en realidad eres. En verdad que ha llegado el momento de aprender, de mirar TODO con los ojos del amor, pues el incremento vibracional de la Tierra está en continuo aumento y por eso es sumamente importante vivir cada vez más desde la frecuencia del amor, ya que sólo así serás capaz de afrontar con donaire, desenvoltura y misericordia los intensos momentos de trasformación que afectan a la totalidad del globo terráqueo y a toda la humanidad.*

En esta época todo se intensifica, tanto la luz como la oscuridad, de una manera hasta ahora desconocida por el hombre; de ahí que sea más importante que nunca procurar estar en una vibración elevada o recuperarla rápidamente.

Cuando sientas que el amor abandona tu centro, conecta en cualquier momento con nosotros, pues mediante la unión de nuestras energías, nuestra misión es ayudarte, a ti y a todas las demás personas, a activar cada vez más vuestra vibración amorosa para que vuestros corazones irradien amor puro sin cesar, de igual modo que de nosotros fluye un flujo de amor infinito y puro hacia ti y todos los demás. Cierra ahora los ojos y siente este flujo amoroso que sale de nosotros hacia ti... ¡y disfrútalo! Inspira y exhala hondo tres veces y envía ahora el amor desde tu corazón al mundo. Siente cómo se forma un flujo amoroso único e infinito entre nosotros, el mundo y tú, cómo todo se convierte en amor, porque ves con los ojos del amor, alma querida, ¡y por ello tienes nuestro respeto infinito! Te damos la bienvenida desde nuestro amor y respeto más profundos. Ante ti nos postramos, al igual que tú te inclinas ante nosotros, y sabemos que el amor es lo único que cuenta».

El amor es...

Una de mis participantes, Lisa, la pintora, vivió una historia divina en la que la intervención del ángel Soqedhazi y la reina y el rey de los unicornios no fue menor:

En mayo de 2012 mi hermana y yo asistimos al taller de «Comunicación con los ángeles II», que imparte Isabelle en Múnich. Al igual que durante el primer curso, el ambiente en la sala era maravilloso. Poco antes de finalizar el primer día, en lugar de meditar Isabelle nos propuso a los asistentes canalizar una afirmación personal para cada uno de nosotros. La emoción fue unánime. Podíamos elegir entre un mensaje de los ángeles que en ese momento de nuestras vidas fuese importante para nosotros, o recibir una respuesta especial de los ángeles a un tema de nuestra elección.

Cuando me tocó a mí, supe que quería pedir algo personal.

—Me encantaría una afirmación para atraer a un compañero de viaje. Pero no a cualquiera, aunque hasta el momento no han estado mal. Ahora estoy dispuesta a esperar incluso diez años al hombre «adecuado» si es necesario –le dije a Isabelle, tras lo cual muchas mujeres de la sala se rieron con aprobación. Por lo visto la sinceridad de mi comentario tuvo buena acogida.

Isabelle cerró los ojos, de pie frente a mí. Al cabo de escasos segundos pronunció la siguiente y maravillosa afirmación para que yo tomase nota:

—Me quiero tanto que sólo puedo atraer al hombre verdadero, porque sólo YO puedo atraerlo. Nos reconoceremos nada más vernos y sabremos perfectamente lo que está pasando.

«¡Vaya! Una afirmación muy oportuna», pensé. «¡Qué bonita y clara! Es evidente que aquí se trata de amarse a uno mismo».

La afirmación era del ángel Soqedhazi, el ángel de las relaciones amorosas. No me sorprendió.

Mi hermana, que estaba sentada a mi lado, me susurró en broma:

—Imagínate que vas por la calle, ves a un tío, y os miráis y pensáis: «¡Ajá! Es él o es ella». ¡De eso se trata precisamente!

No sabía realmente cómo funcionaría aquello, pero me habían pasado ya tantas cosas «increíbles» que decidí trabajar en la afirmación y dejarme sorprender.

Durante la semana siguiente me lo tomé en serio; cada vez que estaba sola decía mi mantra.

Al cabo de dos semanas se celebró el «VII Congreso Internacional de Ángeles» en Hamburgo y estuve ojo avizor. Mi mirada se posó enseguida en un hombre de buena planta, que estaba charlando con una mujer. Sinceramente, lo primero que pensé fue: «¡Ah...! Fíjate, un hombre atractivo entre tantas mujeres; uno así querría yo también para mí. Alguien con quien pudiera hablar de ángeles sin que me mirara desencajado, alguien que simplemente me entendiera. Mmm... Seguro que su mujer lo pasea como a un perrito faldero...», y me lo tomé únicamente como un encuentro fortuito.

Antes de irme conocí en el vestíbulo a Melanie Missing, quien me invitó a llevar mis cuadros de ángeles a Kassel, a su «I Campamento de Verano con Unicornios». Serenado el ego y aclarada mi misión, acepté.

Poco antes del fin de semana de unicornios casualmente me preguntó mi hermana:

—¿Aún trabajas en tu afirmación?

Con asombro caí en la cuenta de que en algún momento dado la había aparcado.

—No –fue mi respuesta–, tengo la sensación de que el mensaje ha llegado. Sé que lo he interiorizado y que seguro que él vendrá pronto.

Le quité importancia al hecho de que antes de partir hacia Kassel mi intuición me comunicara que lo conocería justamente allí, algo que en un principio interpreté como una ilusión lógica.

Nada más llegar aparqué el coche y al bajarme lo vi. Una mirada, una sacudida amorosa pero contundente en la boca del estómago, y me puse muy nerviosa. Nos limitamos a decir hola y, en lo posible, nos esquivamos. Yo estaba encantada, porque la energía del campamento de unicornios era tan alta que no habría sabido evitar los nervios de la novedad, pero el ángel Soqedhazi y la reina y el rey de los unicornios estuvieron actuando todo el rato, como más tarde descubriría.

El último día él estuvo por ahí cerca mientras yo recogía mis cosas. Por más que intenté no mirar en su dirección nuestras miradas no paraban de encontrarse. En algún momento dado no pude evitar reírme y, con las alas que me daba la energía mágica de los unicornios, me hice la despistada. Él me dijo adiós con la mano.

Aunque me alegró que el nerviosismo no se me reflejara en la cara, lamenté no haber cruzado ni una sola frase con él, porque la sensación que tenía en el estómago seguía siendo igual de aguda; conque me fui a por mi coche y, por alguna razón, los ángeles lo habían plantado a él a dos metros de mí, haciendo inevitable que nos encontráramos junto a los vehículos. Desde el principio reinó una confianza absoluta. Hablamos un poco de lo bonito que había sido el fin de semana y después comenté que aún tenía que recoger mis cosas, y nos despedimos.

Me subí al coche con una sonrisa dibujada en el rostro como la que tienes a los catorce años con el primer gran amor. No pude evitar reírme. Evidentemente, tampoco me sorprendió que él se girara cuando pasé por su lado y me pidiera una tarjeta por la ventanilla.

«¡Caramba! –pensé– ¡y todo esto con mariposas en el estómago!».

Durante el trayecto de vuelta a casa se me cayó la venda de los ojos: ¡había sido la afirmación y el presentimiento de que allí lo conocería! Quise contenerme y no acallar mi intuición por un exceso de euforia, pero al día siguiente ya estaba enviándome un SMS, a los tres días nos llamamos por teléfono y, dos semanas después del campamento de unicornios de Kassel, nos vimos en Múnich.

Aunque mi cerebro no paraba de repetirme que una relación a distancia –él en Berlín y yo en la Baja Baviera– probablemente sería difícil, conseguí ignorarlo, seguramente con la extraordinaria ayuda de Soqedhazi y la reina y el rey de los unicornios.

Es cierto que en Múnich no pasamos juntos mucho tiempo, desde el sábado a mediodía hasta el domingo por la tarde, pero a petición mía el arcángel Metatrón había planificado el tiempo maravillosamente y ambos tuvimos la sensación de haber pasado juntos como mínimo una semana. Un tiempo durante el cual pudimos hablar con mucha franqueza de nosotros mismos y en el que descubrimos el amor. Hablamos del congreso de los ángeles y de Kassel, y en ambas ocasiones coincidimos en ideas y sentimientos...

Así es como volvieron a unirnos el ángel Soqedhazi, los unicornios (especialmente su reina y su rey) y el arcángel Chamuel.

Sigo confiando en la vida y tengo curiosidad por ver hacia dónde evolucionaremos. Agradezco de corazón este mágico encuentro providencial y deseo a todas las almas que puedan vivir un amor tan profundo.

Ve hacia la maravillosa frecuencia del amor

Un ritual
(idóneo para empezar el día)

Cuando me despierto, me gusta empezar el día tomando conciencia ya en la cama, porque así envío desde el principio una vibración positiva al universo –y se confirma de nuevo la sentencia de Cicerón: «se recoge lo que se siembra»–. Porque, si sigo durmiendo y no me tomo estos valiosos momentos, el día trascurre sin duda de otra manera.

Decide tú si primero quieres comenzar por el ritual para empezar el día con el arcángel Miguel y los siete unicornios-pegaso y luego llamar a Soqedhazi y la reina y el rey de los unicornios, o viceversa. ¡Las dos cosas funcionan!

Así pues, llama ahora al ángel Soqedhazi y a la reina y el rey de los unicornios para que vengan junto a ti, pídeles que te envuelvan en su brillante luz rosa y dorada, la frecuencia de amor más alta, e inspira y exhala hondo.

Siente cómo la reina y el rey de los unicornios abren muy suavemente tu aura para conectarte con la frecuencia del amor en todos los planos, al tiempo que el ángel Soqedhazi toca tus tres corazones –el chakra cardíaco a la altura del pecho, el centro del alto corazón en la zona del timo y el corazón cósmico, que te trasciende ampliamente– y los llena con su luz amorosa. Suavemente la introduce también por tus párpados para llenar tus ojos de energía amorosa y que, por tanto, ya sólo puedas mirarlo todo desde los ojos del amor.

Percibe cómo tu vibración cambia constantemente, ¡y disfrútalo!

Para finalizar, a través de sus cuernos de luz la reina y el rey de los unicornios envían su frecuencia amorosa cósmica a tus vasos sanguíneos y venas, a tu sangre, a tus células y tu ADN, con lo que la más pura y limpia de las energías amorosas ilumina plenamente la totalidad de tu ser: tu ser físico, etéreo, emocional, mental y espiritual.

Ya sólo vibras, lates, te meces al compás de los latidos del amor. Disfrútalo y empieza a mandar esta energía a lo largo del día: a todas las personas, animales, lugares y situaciones en las que te encuentres. Advierte, incluso, cómo el camino que tienes delante está recubierto de amor.

Envía asimismo este amor a todas las personas y en todas las situaciones agobiantes, y percibe cómo al hacerlo no sólo tu energía se trasforma positivamente.

Para terminar, conecta una vez más de forma consciente con el ángel Soqedhazi y la reina y el rey de los unicornios. Nota cómo tu frecuencia amorosa aumenta aún más, y visualiza, siente, observa cómo juntos colmáis el mundo entero de la más alta energía amorosa, por lo que un amor y una paz crecientes empiezan a reinar sobre la Tierra y nace realmente una nueva era dorada.

Ahora la reina y el rey de los unicornios vuelven a cerrar tu aura para protegerte.

Cuando quieras, puedes pedir a Soqedhazi y ambos unicornios que se queden todo el día a tu lado y te alimenten continuamente con su magnífica frecuencia amorosa.

La bola de luz rosa y dorada para manifestar una maravillosa relación de amor

Un ritual

Antes de empezar créate un espacio sagrado: procura que no te molesten (silenciar teléfonos y móviles, etcétera) y rodéate de buena música, luz de velas, un aroma agradable y uno o varios cristales para preparar la energía de la habitación y que te sea más fácil ascender a niveles de vibración cada vez más altos. Naturalmente, también puedes realizar este ritual en algún lugar maravilloso al aire libre.

Llama al ángel Soqedhazi, así como a la reina y el rey de los unicornios para que vengan a tu lado. Pídeles que te envuelvan en su resplandeciente luz rosa y dorada y que pongan a tu disposición su bola de luz rosa y dorada, el «vehículo etéreo de manifestación» –tal como lo llaman la reina y el rey de los unicornios–, para manifestar las relaciones de amor maravillosas, e inspira y exhala hondo como mínimo tres veces para estar plenamente en el aquí y ahora.

Este vehículo de luz es una bola mágica en la que ahora puedes verter tu deseo de manifestar una relación amorosa en la frecuencia más alta. Puede tratarse de una relación nueva o de la que has tenido hasta la fecha, que puede ascender a cotas insospechadas.

Observa, nota, siente, experimenta esta frecuencia amorosa cósmica en tu relación. Píntala con los colores más hermosos y brillantes, y sobre todo percibe las sensaciones que querrías experimentar. Ahora nótalas exactamente como si en este momento estuvieras en esta bola de luz rosa y dorada con tu querida pareja, experimentando el amor en el plano más elevado. Disfrútalo todo el tiempo que puedas. A continuación deja que la bola mágica se eleve en el universo, a fin de que todos los seres puedan brindar su ayuda a tu manifestación. Asimismo puedes pedir al ángel Soqedhazi y a la reina y el rey de los unicornios que permanezcan a tu lado, pues especialmente ellos saben realmente cómo se vive el amor auténtico. De esta forma vibrarás cada vez más en esta frecuencia.

Realiza este ritual únicamente si ya tienes una buena vibración.

Afirmación espiritual

Pide primero al ángel Soqedhazi y a la reina y el rey de los unicornios que te envuelvan en su resplandeciente luz rosa y dorada, e inspira y exhala profundamente antes de decir (preferiblemente en voz alta):

Sé que el amor es el mayor poder del universo y que yo mismo soy un ser hecho de amor, algo de lo que soy consciente cada segundo de mi vida. SOY amor y vivo el amor —siempre y en todo lugar, ¡pues sólo el amor es real!

Capítulo 8

El ángel Hamied y los «unicornios-milagrosos»

«¡*B*ienvenidos, querido amigo, querida amiga! Somos el ángel Hamied y los unicornios-milagrosos. Una vez, hace mucho, muchísimo tiempo, estuvimos muy cerca de ti, cuando la pureza del planeta Tierra era mucho más alta; por eso ahora nos alegra tanto poder volvernos a acercar a ti con cariño, pues en los últimos decenios la vibración de la Tierra ha aumentado mucho. Así que siente nuestra alegría mientras te envolvemos con nuestra luz blanca más pura y te bendecimos con nuestra esencia astral de diamantes. ¡Inspira y exhala hondo, y disfrútalo!*

Nos encantaría recubrir tu camino de milagros, querida alma, pero eso no te ayudaría a aprender tus lecciones espirituales, a crecer y cumplir con tu misión espiritual. Por eso sólo nos es posible hacer milagros con tu ayuda, para lo cual es, sin embargo, imprescindible que tengas el corazón limpio y te hayas liberado de los deseos del ego.

Ahora probablemente estés preguntándote cómo harás para saber si lo has logrado, aunque es más fácil de lo que puede parecer. Para cada deseo que tengas, pregúntate: ¿esto lo desea mi yo superior para que ahonde más en mí mismo, me vuelva más auténtico, actúe más desde el amor, etcétera, o lo desea mi ego para encontrarse mejor, manipular a los demás, gozar de más reconocimiento y éxito...?

Si se trata de un deseo de tu yo superior, no dudes en pedirnos ayuda; sin embargo, si consiste en uno de tu ego, ha llegado el momento de trabajar aún más en tu pureza.

Naturalmente, los deseos del ego también pueden manifestarse con un gran poder de la intención, pero en estos tiempos de aceleración del karma eso repercutirá en la persona en cuestión más tarde o más temprano. Por esa razón, te recomendamos que examines tus deseos desde un corazón puro antes de manifestarlos con nuestra ayuda y dejarlos en manos del universo (evidentemente, lo ideal sería hacerlo sólo con los deseos de tu yo superior).

Querida alma, el amor es la frecuencia auténtica de la que surgen los milagros. Para ser cada vez más parte integrante de la alquimia de los milagros, si quieres puedes llamarnos cada día para que vengamos a tu lado, a fin de poder envolverte en nuestro amor, nuestra luz y nuestra esencia astral de diamantes. De esta forma tu fe en los milagros crecerá hasta convertirse en la convicción de que los milagros se producen siempre y en todo lugar, y así tú mismo te convertirás en una partícula milagrosa que junto con nosotros, los seres de luz, obrará milagros en todos los planos.

Recuérdalo: ¡el camino para realizar milagros con nosotros es ser amor!

Con este espíritu te damos la bienvenida, ¡querida partícula milagrosa! Te rogamos encarecidamente que estés limpio de corazón para que seamos capaces de crear contigo el cielo en la Tierra. ¡Namasté!».

La fuerza sanadora de la música

Nunca deja de asombrarme cuánta fuerza sanadora esconde la música, aunque la verdad es que no debería asombrarme tanto, porque sin su maravillosa fuerza sanadora probablemente no habría superado la leucemia (*véase* mi libro *Die Engel so nah* [¡Qué cerca están los ángeles!]).

Deseaba de todo corazón oír la nueva escenificación de la ópera *Carmen* en el Festival de Pascua de Salzburgo de 2012, con Magdalena Kožená y mi antiguo compañero de estudios, el tenor estrella Jonas Kaufmann, como protagonistas bajo la dirección de sir Simon Rattle, pero ya como medio año antes no hubo manera de adquirir siquiera una sola entrada; así que abandoné completamente ese deseo.

Durante los meses siguientes consulté varias veces la página web del festival, y cada vez constaté que se habían agotado las entradas de todas las funciones de *Carmen*, cosa que yo ya me había imaginado. Ni me inmuté.

Entonces se dio la circunstancia de que tuve que impartir un taller en uno de los escenarios donde se representaba la obra en Salzburgo, con lo que el deseo volvió a brotar en mí. Más en broma que en serio le dije a mi amiga Tilde: «¡Ahora sólo puede ayudarme un milagro! Pero, de todos modos, meteré en la maleta algo de vestir».

Como mi padre, gravemente enfermo, al final murió dos semanas antes del estreno, si bien de manera totalmente inesperada, este deseo perdió sentido, por no decir que pasó al olvido. Pero entonces sucedió otra cosa... El día antes de mi partida hacia Salzburgo justo llegaba a casa de una comida cuando oí la voz clara del arcángel Ariel: «¡Llama a la oficina de venta de entradas de Salzburgo!».

No dudé en descolgar el auricular y marcar el número correspondiente. Me saludó una agradable voz de mujer que me preguntó qué deseaba.

—Sé que es realmente absurdo preguntarle si quedan entradas para la función de *Carmen* que habrá dentro de dos días, pero ¡no puedo evitarlo!

—Pues no se lo va a creer, pero hace sólo un minuto han llamado para devolver unas. Espere un momento, porque tengo que volver a introducirlas en el sistema antes de podérselas dar a usted.

No daba crédito a lo que oía, pero efectivamente me hice con una entrada fantástica y asequible con una vista fenomenal de todo el escenario. Estaba inmensamente agradecida: tenía claro que el arcángel Ariel, el ángel Hamied y los unicornios-milagrosos habían intervenido para proporcionarme alivio por la pérdida de mi padre a través de la música, pues sabían que ésta había sido desde siempre uno de mis mayores aliados. Llamar a la oficina de venta de entradas exactamente en el momento adecuado fue, una vez más, ¡una sincronicidad absolutamente única!

Así que por fin me puse en marcha e impartí mi primer día de taller, que en mi estado de debilidad me dejó exhausta. Por eso al acabar el día de curso Barbara, la organizadora, me preguntó muy preocupada:

—¿En serio crees que es una buena idea ir ahora a la ópera? Creo que tienes fiebre y necesitas meterte urgentemente en la cama.

—Sí, querida Barbara, es lo mejor que puedo hacer ahora, porque para mí la música es uno de los mejores sanadores que hay. –Y me subí en un taxi ansiosa por estar ya en el gran teatro.

Tal como había supuesto, disfruté con cada segundo de la música y a cada acto que pasaba me encontraba mejor. Al acabar la función hasta tuve la sensación de no tener ya nada de fiebre. También el dolor por la muerte de mi padre me pesaba mucho menos. La verdad es que me sentía muy feliz y agradecida...

Jonas había vuelto a superarse en el papel de don José, dándole tantos matices y haciendo unos agudos y pianissimos tan sensacionales que no podía por menos de felicitarlo, pues su canto había sido un bálsamo para mi alma herida. Pero según me comunicó el portero no era viable acceder a su camerino, porque los artistas irían directamente a una recepción de gala.

Me disponía a volver al hotel cuando a mi lado noté con toda nitidez a Ariel, Hamied y los unicornios-milagrosos, que me aconsejaron que me girase y fuese a un patio interior concreto. Y entre el gentío me crucé con una de las participantes de mi taller, quien me comunicó que trabajaba para el festival; también sabía que los cantantes habían abandonado ya el teatro.

Sin embargo, recibí la clara información de que Jonas merodeaba aún por ahí. De nuevo seguí las indicaciones de los ángeles y unicornios. Al punto, apareció Jonas y vino hacia mí. Estuvimos hablando un rato hasta que dos jóvenes admiradores le pidieron sendos autógrafos.

Ya nos despedíamos cuando le dije:

—Llamé a la oficina de venta de entradas anteayer, aunque en el fondo sabía que no había ninguna esperanza. Pero un minuto antes alguien había devuelto sus entradas, ¿te lo puedes creer?

—¡Es increíble! Entonces habrás comprado una de mis entradas, porque un amigo tuvo que ir de repente al hospital y quise devolver sus entradas, pero en la oficina no las querían aceptar tan poco tiempo antes de la función; así que les pedí que me cobraran una comisión. ¡Y resulta que las has comprado tú!

Tras lo cual no pudimos evitar reírnos a carcajadas. Una vez más no pude menos de asombrarme ante la minuciosa precisión con la que los ángeles y unicornios lo habían tramado todo.

Cuando por fin llamé a Tilde para contarle este nuevo milagro, se limitó a decirme:

—¿No te acuerdas de que hará cosa de tres semanas dijiste que ya sólo podrías ir a la función con una entrada de Jonas?

¡Increíble! Eso era exactamente lo que había pasado.

Cuando a la mañana siguiente me presenté en la sala del seminario, Barbara se llevó una sorpresa mayúscula:

—¡Pareces otra!

Y eso pese a haber dormido tan sólo cuatro horas. Lo que hace la fuerza sanadora de la música...

Aumenta tu confianza

Como habrás podido deducir del quinto capítulo, la elección de pensamientos, palabras y acciones es más importante que nunca, puesto que cada uno de esos pensamientos lleva en sí más potencial de manifestación que hace unos años o décadas; de ahí que todas las dudas arrecien con más intensidad de la que te gustaría. Por esa razón es esencial aumentar tu confianza si quieres cumplir con tu misión espiritual, vivir tus sueños y obrar milagros junto con los ángeles y unicornios.

La verdadera confianza nace de la convicción de que siempre ocurre lo adecuado, lo sintamos así o no, y de que Dios, los ángeles y los unicornios, etcétera, siempre responden. Si realmente confías, puedes soltar tus deseos –soltarlos de verdad–. Ése es el momento –entonces, ¡sólo entonces!– en que la alquimia de los milagros puede empezar a actuar, lo cual me trae a la memoria una cita maravillosa del yogi Bhajan: «No creo en los milagros, cuento con ellos, ¡confío en ellos!».

Como ya hiciera en mi libro *La fuerza sanadora de tus ángeles*, quiero recordarte una vez más que son tus miedos los que te impiden confiar de verdad. Pero tal como explicó un día en una de sus clases magistrales el maestro Celibidache, un gran profesor y uno de los directores de orquesta más fascinantes del pasado siglo, en realidad, sólo hay dos miedos que engloban a todos los demás: el miedo a no ser amado y el miedo a morir. Puede que parezca increíble, pero realmente es así. Comprobé a diario esta afirmación durante el tiempo que estuve enferma de leucemia.

Si reflexionas en profundidad sobre ello, constatarás que siempre te han querido precisamente la o las personas que te aceptan como realmente eres, y por supuesto Dios, todos los ángeles y todos los demás seres de luz. Por eso puedes empezar a perder el miedo a no ser amado.

Lo mismo pasa con el miedo a la muerte. Ha sido y es una prueba, especialmente cuando perdemos a seres queridos. Pero, como puedes releer en el tercer capítulo, el otro lado del velo es de una belleza paradisíaca, lo que también contribuye a que puedas desprenderte de este miedo cada vez con más facilidad. Lo que permanece es una confianza absoluta en el proceso de la vida, en la fuerza sanadora de ángeles y unicornios (y demás seres de luz), y en la alquimia de los milagros.

Lleva un diario de los milagros

Hazte con una libreta bonita en la que escribas a gusto y que puedas llevar siempre encima. Créate un espacio sagrado antes de empezar a poner por escrito los milagros de tu vida: procura que no te molesten y rodéate, por ejemplo, de buena música, luz de velas, un aroma agradable y uno o varios cristales para preparar la energía de la habitación y que te sea más fácil ascender a niveles de vibración más altos. Naturalmente, también puedes realizar este ritual en algún lugar maravilloso al aire libre.

Conecta con el ángel Hamied y los unicornios-milagrosos, inspira su luz y su esencia astral de diamantes y ve anotando todos los milagros pequeños y grandes que hasta el momento se han producido en tu vida. Con ello aumentará tu confianza en que los milagros forman realmente parte de la vida de cada uno.

Como llevarás la libreta encima, podrás anotar en cualquier momento las sincronicidades y los milagros que se produzcan en tu vida, porque de lo contrario acostumbramos a olvidarlos con los acontecimientos del día a día, sobre todo los pequeños. Sin embargo, dejando constancia escrita de ellos, crearás el sustrato de nuevos milagros.

Afirmación espiritual

Pide primero al ángel Hamied y los unicornios-milagrosos que te envuelvan en su purísima luz blanca y su esencia astral de diamantes, e inspira y exhala profundamente antes de decir (preferiblemente en voz alta):

Confío plenamente en el proceso de mi vida. SOY amor, SOY una partícula milagrosa, ¡y junto con los ángeles y los unicornios-milagrosos obro un milagro detrás de otro para los demás y para mí!

*Siguen llegando por el cielo abierto,
sus alas desplegadas pacíficamente
y su música flotando sobre el mundo
profundamente cansado.*
SHAKESPEARE

Epílogo

Nunca había escrito un libro con más donaire y facilidad que éste. Únicamente he tenido que procurar estar lo más pura posible y sacar el tiempo libre necesario para escribir, y las palabras se han limitado a fluir a través de mis dedos hasta las teclas. Creo que los unicornios deseaban tan fervientemente traer al mundo más mensajes que lo cierto es que más bien me han «bombardeado» con sus comunicaciones.

Siempre que trabajo a pleno rendimiento en un libro noto que mi vibración aumenta, pero en este caso aún ha sido más evidente. Mi frecuencia era tan ligera que hubo un momento en que, medio en broma medio en serio, mi marido me dijo: «¡A ver si echarás a volar!».

De modo que te ruego encarecidamente que procures mantenerte con los pies en el suelo siempre que empieces a trabajar de forma intensiva con los ángeles y unicornios. Pasa mucho tiempo al aire libre y conecta con la Madre Tierra para estar en contacto con el cielo y la tierra a la vez; es sumamente importante en estos tiempos.

Deseo de corazón que aceptes cualquier dificultad que surja lleno de amor y la afrontes sin demora para llegar a ser un auténtico experto o experta en trasformar los retos en milagros. ¡Tú puedes!

¡Ahora siente cómo las alas de los ángeles y la esencia astral de los unicornios te envuelven en la más pura de las luces y en amor puro!

Con profundo amor y afecto,

Isabelle von Fallois
Niza, 30 de agosto de 2012

Agradecimientos

Querido Hubert, agradezco de todo corazón que me des la libertad y tu comprensión absoluta para hacer todos los viajes y recorrer todos los caminos que sean necesarios para llevar a cabo mi misión en la Tierra. Un millón de gracias por todo tu amor y tu apoyo.

Querido Gero, desde aquí quiero expresarte una vez más mi agradecimiento más sentido por haber creído siempre en mí y haberme apoyado de manera desinteresada en todas las facetas de mi vida. Fuiste, no, eres el mejor padre que uno podría desear. Te agradezco desde el fondo de mi alma, además, que sigas estando a mi lado, aunque permanezcas al otro lado del velo.

Querida Uschi, admiro de todo corazón el amor incondicional y el donaire, la fe profunda y la confianza en los poderes divinos con que vives el proceso del duelo. En ningún momento has sido una víctima de las circunstancias, sino la dueña de tu destino. Te lo agradezco infinitamente.

Querida Susanna, siempre es una bendición del cielo poder estar un rato a tu lado cuando estoy trabajando en un libro. Te agradezco de todo corazón lo mucho que me entiendes y me apoyas, a mí, mi trabajo y cuanto escribo. *Grazie mille!*

Querido Kristof, agradezco al cielo que hayas vuelto a aparecer en mi vida, me hayas ayudado de una manera única a sanar el dolor por la pérdida de mi padre y seas parte de mi vida como en los tiempos de la Atlántida.

Mis queridos amigos –Tilde, Jessica, Dani, Johanna, Gido, Matteo, Michael–, os agradezco de todo corazón que nos hayáis apoyado tan fielmente a mi familia y a mí durante todos estos delicados meses.

Querida Diana, te agradezco en el alma que hayas devuelto al mundo a los unicornios, entre otros, con tu libro *Das Wunder des Einhorns* (El milagro del unicornio).

Querida Lisa, un millón de gracias por haber seguido las instrucciones de arriba y haberme enviado tu maravillosa historia.

Querida Karin, querido Konrad, agradezco de todo corazón vuestra enorme confianza en la calidad de mi trabajo.

Y podría seguir con los agradecimientos, pero, por desgracia, la cantidad de palabras de este librito es muy reducida. Sin embargo, estoy segura de que sabéis que me refiero a vosotros.

Sobre la autora

Tras una experiencia cercana a la muerte a la edad de ocho años, Isabelle von Fallois empezó a soñar repetidamente con el futuro y a tener visiones. Pero hasta hace doce años, con motivo de la leucemia que por poco le costó la vida, no empezó a dedicarse intensivamente a los ángeles. Al poco tiempo recibió instrucciones precisas de los arcángeles y sanó por completo.

En la actualidad viaja por todo el mundo, escribe libros, ha establecido ya más de cincuenta meditaciones canalizadas, imparte conferencias y talleres, es profesora del ANGEL LIFE COACH®, el máster en coaching angelical de éxito internacional que ella misma creó, así como del ISIS ANGEL HEALING®, un tratamiento que desarrolló para limpiar y equilibrar los meridianos y chakras, y tiene su propio programa de radio: *Mensajes de los ángeles*.

Han publicado artículos sobre ella las más diversas revistas, como *ENGELmagazin*, *Lichtfokus*, *NEWsAge*, *WOMAN*, *BELLA*, la edición italiana de *GLAMOUR*, *Dagbladet* (Noruega), etcétera, además de tres DVD en los que intervienen con ella, entre otros, personalidades tan conocidas como Gregg Braden, Bruce Lipton, Eric Pearl, Pierre Franckh, Lorna Byrne y la princesa Marta Luisa de Noruega.

Tanto con su trabajo espiritual como también en calidad de pianista quiere abrir los corazones de las personas y ayudarles a llevar una vida llena de amor.

www.isabellevonfallois.com
www.AngelLifeCoachTraining.com
www.DieEngelsonah.com

Aviso importante

Las recomendaciones publicadas en el libro han sido cuidadosamente preparadas y comprobadas por la autora y la editorial. Sin embargo, no podemos ofrecer garantía alguna. Del mismo modo, tanto la autora como la editorial y sus responsables, respectivamente, quedan eximidos de cualquier responsabilidad por daños personales, materiales o patrimoniales.

Índice

ISABELLE VON FALLOIS

LA FUERZA SANADORA DE TUS ÁNGELES

Emprende tu propio camino
y realiza los sueños de tu vida

EDICIONES OBELISCO

¿Podemos trasformar nuestra vida en 28 días? Sí, sin duda alguna.

Según las diversas investigaciones que se han llevado a cabo en este campo, para romper con una pauta antigua y programar otra más positiva se necesita un período de tiempo comprendido entre 21 y 28 días. A partir de entonces, se forman en el cerebro nuevas vías neuronales, y, por ende, otras creencias positivas que nos ayudan a alcanzar nuestros sueños. En tu recorrido personal a través de este proceso de 28 días, dejarás atrás antiguas ideas y actitudes tóxicas, y te unirás cada vez más a tu verdadera esencia, así podrás contactar mejor con los ángeles día tras día y, entonces, las sincronicidades y los milagros tendrán cabida en tu vida.